El sueño de los mártires

Dardo Scavino

El sueño
de los mártires

Meditaciones sobre una
guerra actual

EDITORIAL ANAGRAMA
BARCELONA

Ilustración: © Harry Holland

Primera edición: noviembre 2018

Diseño de la colección: Julio Vivas y Estudio A

© Dardo Scavino, 2018

© EDITORIAL ANAGRAMA, S. A., 2018
  Pedró de la Creu, 58
  08034 Barcelona

ISBN: 978-84-339-6427-4
Depósito Legal: B. 24678-2018

Printed in Spain

Liberdúplex, S. L. U., ctra. BV 2249, km 7,4 - Polígono Torrentfondo
08791 Sant Llorenç d'Hortons

El día 27 de septiembre de 2018, el jurado compuesto por Jordi Gracia, Chus Martínez, Joan Riambau, Daniel Rico y la editora Silvia Sesé concedió el 46.º Premio Anagrama de Ensayo a *El sueño de los mártires,* de Dardo Scavino.

INTRODUCCIÓN

El 10 de febrero de 2017 un dron estadounidense mató en las afueras de Mosul a un yihadista francés: Rachid Kassim. Aficionado al karate y a los mangas japoneses –hasta el punto de pasearse en kimono por las calles de su barrio–, este cantante de rap había viajado a Siria en 2015, acompañado por su esposa y su hijita de tres años, con el propósito de incorporarse a las filas del Estado Islámico de Irak y Sham. Allí conoció a algunos de los cinco mil muyahidines europeos que escribían «*lol* yihad» en su página de Facebook y se exhibían en *selfies* con sus turbantes, sus bandoleras de balas y sus fusiles M-16 para encandilar a las muchachas que les dejaban mensajes de amor como si fueran *rock stars*. Kassim prefirió crear un canal de televisión privado en internet, Ansar al-Tawhid, y emprender una campaña de alistamiento de sus compatriotas franceses. Entre los trescientos veinticinco abonados de su cadena se hallaban dos adolescentes que degollaron a un cura normando en julio de 2016 y también cuatro mujeres que tramaron un atentado fallido en París algunos días más tarde. Un chico de quince años, arrestado en las inmediaciones de la Gare de Lyon cuando se disponía a atacar a los transeúntes muñido de un arma blanca, reconoció haber sido reclutado por el cantante de rap y les explicó a los investigadores que «había querido morir como un mártir después de haber matado a un montón de *kufar* [infieles]». Kassim había incluido en un álbum de 2011 un tema titulado «Je suis un terroriste», con dos versos que decían: «Yo soñaba con ser médico / ahora solo aspiro a mártir», distinción religiosa que terminó obteniendo gracias a un imprevisto misil Hellfire.

No se sabe, sin embargo, si el dron que lo disparó era de tipo Reaper o Predator, e ignoramos completamente la identidad del operador que dirigió la nave a distancia. No habría que excluir que tuviera la edad de Kassim y que desde alguna sala con aire acondicionado en el desierto de Nevada, a miles de kilómetros de la ciudad de Mosul, hubiera observado los movimientos del muyahidín en la fluorescencia de una pantalla, identificado su turbante oscuro y su espesa barba sin bigotes, detectado el kaláshnikov que colgaba de su hombro, oído en los auriculares la voz del coordinador dándole el consentimiento y accionado el misil que terminó eliminando a su blanco en una explosión callada. Como la CIA no se muestra muy locuaz a propósito de estos «asesinatos selectivos», ignoramos si otras personas murieron junto con el terrorista aquel día. Pero no sería raro que así fuera, porque los Hellfire no resultan tan «selectivos» como el adjetivo *targeted* lo anuncia: matan a cualquier individuo situado a menos de quince metros del blanco. Los partidarios de los drones invocan la reducción de las «víctimas colaterales» para legitimar esas acciones, y es cierto que fallecen muchos más civiles indefensos cuando un avión arroja una tonelada de bombas sobre una población mientras vuela a 9.000 metros de altitud para evitar las baterías antiaéreas. Pero un informe del Pentágono revelado en el marco de los *Drone Papers* asegura que el 90 % de las víctimas de las operaciones con drones no pertenecen a Al-Qaeda ni al Estado Islámico de Irak y Sham. Entre 2009 y 2014 los drones estadounidenses mataron únicamente en Pakistán a 2.379 personas, de las cuales solo 84 pertenecían a la organización de Bin Laden.[1] Los informes no nos dicen nada acerca de cuántos amigos y familiares de las 2.295 «víctimas colaterales» se alistaron a continuación en las organizaciones terroristas, pero no sería nada extraño que estas adhesiones hayan remplazado con creces a los 84 yihadistas, desatando una nueva ola de atentados en contra de los «cruzados». Aun dejando de lado cualquier evaluación moral de estos ataques, podríamos preguntarnos en qué consiste su eficacia si obtienen más conversiones al islamismo radical que los persuasivos imanes wahabitas. Basta con observar los resultados de las operaciones israelíes sobre la Franja de Gaza para comprobar que lejos de amedrentar a los terroristas potenciales, no hicieron más que multiplicarlos. Los adolescentes que vieron caer a sus padres o a sus tíos en un bombardeo o una incursión de Tzahal, no tardaron en procurarse un cuchillo para asesinar «sionistas» o en detonar un chaleco de explosivos en el interior de un autobús. Los propios servicios de seguridad israelíes informaron que entre 1993 y 2000 había habido 42 ataques suicidas de los palestinos; entre 2001 y 2002, en cambio, el número se elevó a 64.[2] Según un informe del Consejo de Seguridad de la ONU publicado en mayo de 2015,[3] el número

1. Jacques Baud, *Terrorisme,* Mónaco, Rocher, 2016, p. 346.
2. *Time,* 15 de abril de 2002, citado por Farhad Khosrokhavar, *Les nouveaux martyrs d'Allah,* París, Flammarion, 2003, p. 202. [Trad. esp.: *Los nuevos mártires de Alá,* Madrid, Martínez Roca, 2003.]
3. http://www.securitycouncilreport.org/un-documents/syria/

de yihadistas extranjeros en Siria aumentó un 71 % desde que comenzaron los bombardeos norteamericanos y franceses, de modo que las 28.578 bombas arrojadas sobre Irak y Siria hasta el 14 de noviembre de 2015 no disuadieron a los combatientes islamistas sino que los alentaron. Como había ocurrido ya en Afganistán tras la invasión de 2001, la disuasión militar tiene una eficacia muy relativa en una población con vocación de martirio. Washington trata de vencer a una Hidra de Lerna que multiplica sus cabezas cada vez que le cortan una. Y por eso hasta un irreductible halcón de la administración Bush, Donald Rumsfeld, reconoció en 2003 que «nuestra situación es tal, que cuanto más duro trabajamos, más retrocedemos».[1]

La inmunidad de los operadores de drones, en todo caso, los preserva de cualquier acusación ante los tribunales nacionales o internacionales. Podemos imaginar incluso al asesino de Kassim tomando una cerveza tranquilamente en un bar justo después del trabajo, o regresando a su casa para cenar con su familia y mirar en la CNN o Fox News las noticias sobre los primeros días de Donald Trump en la Casa Blanca o sobre la muerte del terrorista que acababa de eliminar. Este telepiloto y su blanco no representan solamente los dos bandos de un conflicto armado sino también dos actitudes opuestas en la guerra. El francés alimentaba una página de Facebook para reclutar combatientes, escribía temas de rap que celebraban el martirio y organizaba atentados cuyas víctimas eran minuciosamente contabilizadas por la prensa occidental; la identidad del norteamericano forma parte de los secretos militares de los Estados Unidos, sus *targeted killings* no suelen verse ensalzados a través de canciones, imágenes o manifiestos y la prensa oc-

1. *USA Today,* 22 de octubre de 2003.

cidental suele omitir el número de víctimas de semejantes acciones. En el Ministerio de Defensa se discutió durante un tiempo si los operadores de drones debían ser condecorados: no por cuestiones de seguridad sino porque todavía está por verse si aquellos asesinos de oficina merecen estos honores. A partir de febrero de 2013, no obstante, algunos de ellos recibieron la *Distinguished Warfare Medal* por sus «acciones armadas».[1] Algunos medios de comunicación intentaron conferirles entonces una dosis de heroísmo supliendo la ausencia de riesgo físico con una suerte de peligro psíquico, sobre todo después de que una película de 2014, *Máxima precisión,* presentara a un operador afectado de estrés postraumático. Pero ningún trabajo psicológico serio confirma la existencia de semejantes traumatismos entre los operadores de la *remote warfare.* Hay, en cambio, una multitud de estudios que procuran explicar los comportamientos de los terroristas a partir de algún trastorno mental, a pesar de que los propios informes difundidos por las campañas de prevención de la «radicalización» sostienen que no existe un perfil psíquico característico de los candidatos a la yihad. Entre el muyahidín y el telepiloto solo puede establecerse un contraste de actitudes: el primero ataca a sus adversarios exponiéndose a la muerte; el segundo los elimina sin comprometer nunca su existencia. Publicidad y vulnerabilidad, por un lado; discreción e invulnerabilidad, por el otro.

No es raro que algunos pilotos militares se muestren sumamente hostiles al empleo de los drones. Estos robots homicidas estarían acabando con el milenario culto del coraje de la institución castrense e inaugurando una era posheroica en el oficio de la guerra. «Clausewitz Out,

1. Patrice Sartre, «Drones de guerre», *Études* 2013/11, tomo 419, pp. 439-448.

Computer In», se titulaba un artículo de 1997 escrito por un experto militar.[1] Como en muchos otros ámbitos, los oficiales de la prestigiosa *Air Force* se resisten a verse suplantados por un conjunto de tecnócratas de Washington y de desaliñados *geeks* venidos de Silicon Valley. Hay quienes argumentan incluso que los ataques con drones no se ajustan tanto a la descripción de una guerra como a la definición de «cacería», actividad consistente en rastrear o perseguir una presa con el propósito de matarla o capturarla, posibilidad, esta última, que la expresión «asesinato selectivo» descarta: Barack Obama favoreció durante su mandato estos homicidios para evitar, precisamente, las complicaciones legales acarreadas por las prisiones clandestinas.[2] Los especialistas del Pentágono, no obstante, están evaluando seriamente si no convendría alentar una autonomía completa de estos *Terminators* dado que ellos mismos recaban muchas de las informaciones visuales, informáticas o telefónicas que les permiten elaborar los minuciosos *patterns of life* de sus eventuales blancos, patrones que los analistas emplean para decidir si se trata de un individuo peligroso o no.[3] Nada impediría, no obstante, que estas decisiones fueran tomadas de manera más precisa por los propios aparatos. Bastaría con programarlos para que res-

1. Williamson Murray, «Clausewitz Out, Computer In», *The National Interest,* verano de 1997, citado por André Dumoulin, «Le zéro-mort, entre le slogan et le concept», *Revue internationale et stratégique* 2001/4, p. 26.
2. Grégoire Chamayou, *Théorie du drone,* París, La Fabrique, 2013, pp. 47-54. [Trad. esp.: *Teoría del dron,* Buenos Aires, Futuro Anterior, 2016.]
3. Jean-Baptiste Jeangène Vilmer, «Introduction: robotisation et transformations de la guerre», *Politique étrangère* 2013/3, otoño, pp. 80-89.

petaran ciertas exigencias a la hora de liquidar a alguien, y se lograrían aminorar los riesgos de las inatenciones y las emociones de los operadores humanos. Si una computadora puede vencer a un campeón de ajedrez o de go, ¿no podría mostrarse muchísimo más eficaz que un operador de dron a la hora de evaluar, perseguir, identificar y suprimir a un enemigo? En octubre de 2013 la *US Army* presentó en una base de Georgia algunos de estos robots, y el proyecto de emplearlos resulta lo suficientemente serio como para que los investigadores reunidos en la Conferencia Internacional sobre Inteligencia Artificial organizada en Buenos Aires a finales de julio de 2015 publicaran una solicitada firmada por Stephen Hawking, Stuart Russell y otros 2.921 especialistas de robótica, pidiéndoles a los gobiernos del planeta que prohibieran su utilización.[1] A pesar de esto, el Pentágono presentó en enero de 2017 los nuevos minidrones Perdix, que actúan por «enjambres» sincronizados de 103 unidades de apenas 16 centímetros de largo y que pueden suprimir un blanco a cortísima distancia reduciendo así los riesgos de «daños colaterales».[2]

La corporación militar empezó a preocuparse, eso sí, por su propia desaparición, porque nada impide que algunos países comiencen a prescindir de los muy entrenados e instruidos profesionales de la guerra para remplazarlos por esos autómatas terrestres, acuáticos o aéreos controlados, a lo sumo, por algún programador, pero capaces de una amplia autonomía en el dominio de las acciones y hasta de las decisiones. Aparecida durante la Guerra del Golfo para ase-

---

1. Hubert Faes, «Une éthique pour les robots tueurs?», *Revue d'éthique et de théologie morale* 2016/2, núm. 289, p. 107.
2. *BBC News,* 10 de enero de 2017, http://www.bbc.com/news/ technology-38569027

gurarles a los norteamericanos que las intervenciones decididas en Washington no ponen en peligro la vida de «nuestros muchachos» sino solo la existencia de los pueblos bombardeados, la doctrina *zero-death* estaría acabando con toda una larga tradición militar, y hasta con los propios militares, gracias al empleo masivo de autómatas electrónicos.[1]

Hay en este aspecto una ambivalencia de la cultura norteamericana que la «guerra contra el terrorismo» está sacando a la luz. Un conflicto armado va perdiendo popularidad a medida que los cementerios militares se llenan de lápidas, y por eso las autoridades se ven tentadas de disimular, como ocurrió durante la Guerra de Irak, los entierros de soldados. Pero la cultura estadounidense sigue celebrando, a través del cine, de las series, de los cómics y hasta de las ceremonias oficiales, a los grandes héroes de la guerra. Cada una de las estrofas del himno de Estados Unidos termina saludando «la tierra del hombre libre y la patria del valiente», y las imágenes cinematográficas de aquellos «jardines de piedra» con las tumbas de los caídos en Vietnam, Irak o Afganistán comportan una ambivalencia: pueden estar denunciando el sacrificio de jóvenes norteamericanos en el altar de las grandes corporaciones petroleras o armamentistas, pero también celebrando el heroísmo de un pueblo dispuesto a sacrificarse para defender su patria y su estilo de vida. George W. Bush tenía toda la razón cuando afirmaba que los terroristas de Al-Qaeda detestaban la libertad de los norteamericanos. Sucede sencillamente que la libertad, para él, y para una buena parte de su generación, se convirtió en el derecho de los individuos a no sacrificar ni su vida ni sus bienes para defender el bien

1. André Dumoulin, *op. cit.*, p. 26, y Éric Desmons, «Sur la mort patriotique», *Droits* 2007/2, núm. 46, pp. 57-66.

común. Y por eso habría que entender también aquella sentencia bajo su forma invertida: los norteamericanos detestan la libertad de Al-Qaeda porque para Bin Laden, y para una buena parte de su generación, la libertad de una persona reside en el coraje para sacrificar su vida y sus bienes en defensa del bien común. El dron constituye, en este aspecto, un dispositivo técnico pero también ideológico: una manera de resolver la contradicción entre la defensa del bien común y la libertad individual. Y se opone diametralmente al chaleco de explosivos.

Con todo, la interpretación de esa libertad individual, y de la doctrina *zero-death*, tiene muchísimos bemoles en los Estados Unidos. Para empezar, es cierto que este país perdió a 6.855 soldados en Afganistán e Irak entre 2001 y 2015, una cantidad relativamente baja si se tiene en cuenta la envergadura de ambas intervenciones y los catorce años de combates. Pero un informe del *Department of Veterans Affairs* señala que el número de suicidios entre los soldados involucrados hasta 2012 en ambos conflictos superaba los 8.000, lo que significa un promedio de 22 muertes diarias.[1] No cabe duda, por otra parte, de que las imágenes de los aviones estrellándose contra las Torres Gemelas, y la muerte de miles de personas indefensas, tuvieron un impacto traumático en esa sociedad, impacto que justificó, a continuación, el aumento exorbitante de los gastos militares, la limitación de los derechos civiles por la aplicación de la *Patriot Act,* el espionaje masivo de las comunicaciones en cualquier país del globo, la incongruente guerra contra el régimen de Sadam Husein en Irak y la detención y la tortura de miles de sospechosos

---

1. https://www.va.gov/opa/docs/Suicide-Data-Report-2012-final.pdf

en la prisión extraterritorial de Guantánamo o en varias cárceles secretas situadas en Afganistán, Bulgaria, Kosovo, Lituania, Polonia, Rumania y Ucrania.[1] Hay que admitirlo: muchos gobiernos justificarían esas medidas liberticidas y, desde la perspectiva del derecho internacional, ilegales como una manera de evitar que la cifra de 3.412 víctimas del terrorismo en el territorio de la Unión entre 2001 y 2014 se incrementara. Pero habría que preguntarse por qué, en nombre de la libertad, y de una enmienda constitucional que se remonta a finales del siglo XVIII, no se toman medidas semejantes para evitar las muertes por armas de fuego: como lo señala un informe del Center for Disease Control and Prevention, 440.095 personas murieron en los Estados Unidos por heridas de bala en ese mismo período.[2] Solamente en 2013 hubo 33.169 muertes por este motivo, cifra que no incluye a los abatidos por las fuerzas de seguridad y que se divide en 11.208 homicidios, 21.175 suicidios, 505 accidentes, 281 «sin una intención determinada».[3] Si se tiene en cuenta a las 8.615 personas que murieron ese mismo año en Afganistán, y se piensa además que esa cifra no comprende solamente a los muertos por arma de fuego sino también por bombardeos, atentados terroristas y ataques de drones,[4] llegamos a la

1. «CIA Holds Terror Suspects in Secret Prisons», *Washington Post,* 2 de noviembre de 2005, http://www.washingtonpost.com/wp-dyn/content/article/2005/11/01/AR2005110101644.html

2. http://edition.cnn.com/2016/10/03/us/terrorism-gun-violence/

3. https://en.wikipedia.org/wiki/Gun_violence_in_the_United_States

4. http://www.lemonde.fr/asie-pacifique/article/2014/02/08/en-afghanistan-le-nombre-de-victimes-civiles-a-explose-en-2013_4362788_3216.html

conclusión de que un civil tiene más chances de morir de un tiro en un viaje por los Estados Unidos que atravesando las tierras de los talibanes.

Kassim y su cazador son dos productos de nuestras sociedades y dos encarnaciones extremas de nuestras maneras de entender la relación entre individuo y sociedad. Hegel tenía razón: las guerras nos ayudan a comprender nuestras sociedades. Y esta guerra no es un conflicto entre dos civilizaciones sino en el seno de cada una de ellas en torno a la manera de entender la relación del individuo con la sociedad o, si se prefiere, en torno a lo que sería la libertad. Recordemos, en efecto, la definición que Carl von Clausewitz había propuesto de la guerra a principios del siglo XIX: una continuación de la política por otros medios. Para entender por qué estalló esta contienda, hay que conocer los objetivos políticos de las partes en conflicto. Expresiones como «guerra contra el terrorismo» suelen pasar por alto este punto capital. Porque los yihadistas no buscan sencillamente aterrorizar a las poblaciones enemigas, y los ejércitos occidentales tampoco buscan proteger a esas poblaciones de los actos terroristas. Los primeros actúan de este modo porque suponen que el terrorismo es la mejor táctica para alcanzar su objetivo. Y los segundos proceden de esa manera porque también piensan que matar a los yihadistas con drones o bombardear las poblaciones sirias, iraquíes o afganas es el mejor camino para conseguir el suyo. Los anarquistas recurrieron en otros tiempos a tácticas terroristas como los atentados con bombas o los asesinatos de policías y políticos. Pero sus metas no tenían nada que ver con los puntuales designios de los islamistas de hoy. La organización israelí Lehi, que el Foreign Office bautizaría Stern Gang, también cometió atentados contra objetivos británicos durante la Segunda Guerra Mundial, y hasta asesinó al diplomático sueco que había elaborado el plan de repartición de Palestina entre judíos y árabes. La Banda Baader, las Brigadas Rojas, el IRA o ETA llevaron a cabo actos terroristas en Alemania, Italia, Gran Bretaña y España, pero no basta con estas acciones para compararlos con los yihadistas de la actualidad porque los objetivos políticos de los unos y los otros no se parecen en nada. Los yihadistas de Al-Qaeda y el Estado Islámico *(Dawla al-Islamiyya)* tienen un propósito explícito: erigir de nuevo el califato transnacional. Y los occidentales, el suyo: evitar que esto suceda, porque, entre otras cosas, los privaría del acceso a las más grandes reservas de petróleo del planeta. El califato sería ese Estado Islámico transnacional en que el individuo y la comunidad volverían a encontrarse. El imperio americano sería ese orden transnacional en que el individuo y la comunidad no se encontrarían nunca. Por eso los yihadistas entienden que los occidentales no impiden solamente la constitución de este califato con sus tropas y sus drones sino también con sus películas y sus emisiones satelitales, inoculándoles a los musulmanes una cultura occidental decadente y lasciva que aleja a los creyentes del camino trazado por el Profeta. El califato tiene así, para muchos yihadistas, el valor de un retorno a una edad de oro mítica, a una comunidad islámica legendaria, donde regían los principios de la moral y el honor arrebatados por la occidentalización del mundo. Pero el islam es solo un nombre teocrático de esa relación entre el individuo y la comunidad que se quedó sin nombre en Occidente.

No basta, aun así, con tener un proyecto político y un arsenal bien nutrido para emprender una guerra y sostenerla en el tiempo. Hace falta disponer de un importante apoyo popular y de un buen número de combatientes dispuestos a sacrificarse como el mencionado Rachid Kassim. Y si desde el 11 de septiembre de 2001 estamos atravesando esta «primera guerra global» entre los partidarios de la teocracia califal y los campeones de la democracia, se debe a que, nos guste o no, los primeros cuentan con el apoyo de gran parte de la comunidad musulmana. Pero este apoyo y aquellos combatientes no se obtienen gracias a la disuasión sino a la persuasión. El proyecto de reconstitución de un califato transnacional, meticulosamente desinfectado de la corrupción de Occidente, goza de suficiente popularidad en el mundo musulmán como para atraer a importantes contingentes de jóvenes llegados del mundo entero y para incitar a muchos otros a convertirse al islam.

En lugar de hablar de «yihad contra Occidente» o de «guerra contra el terrorismo», preferimos en este ensayo la expresión «primera guerra global» porque, a diferencia de las dos guerras mundiales del siglo XX, esta ya no es interestatal. Ningún Estado, en efecto, le ha declarado la guerra a otro, por lo menos después de la intervención en Irak, y tanto los atentados terroristas como los asesinatos selectivos se llevan a cabo en varios territorios nacionales ignorando la soberanía de los respectivos Estados. Para entender entonces esta primera guerra global, tenemos que entender antes por qué esos musulmanes apoyan el proyecto de las organizaciones yihadistas y por qué muchos de entre ellos aceptan incluso combatir y sacrificarse por él. Para algunos, estas convicciones provienen de la propia religión y la cultura musulmana en las cuales fueron educados varios cientos de millones de habitantes del planeta, dándole, supuestamente, la espalda a la educación occidental, sobre todo después de la desaparición de los grandes imperios coloniales que les habían inculcado a esas poblaciones una visión eurocéntrica del mundo. Pero este argumento tiene un punto débil, y es que muchos de esos jóvenes que parten a Siria o Irak para combatir a los cruzados no provienen de países árabes, magrebíes, persas o sahelianos sino europeos, donde sus padres musulmanes habían abandonado total o parcialmente la práctica de esa religión y ellos fueron educados en escuelas laicas y republicanas. Una mayoría de estos yihadistas son conversos o, más precisamente, *born-again* (expresión que algunas sectas protestantes estadounidenses emplean para referirse a los creyentes que volvieron a abrazar la religión que sus padres, o ellos mismos, habían abandonado, como ocurrió con el expresidente George W. Bush). Pero incluso entre los habitantes de los países musulmanes –o de la *umma islamiyya,* como se la suele llamar– se produjo un corrimiento hacia algunas versiones radicales del islam, como el salafismo wahabita, financiado y difundido por las monarquías saudíes, y estas conversiones no son el simple resultado de una campaña proselitista eficaz de los imanes fundamentalistas sino también, y sobre todo, de la propia situación política y bélica posterior a la caída del Muro. Dicho de otro modo: no fueron las conversiones masivas de las nuevas generaciones las que provocaron el conflicto político y militar sino este conflicto el que provocó esas conversiones. Hay que comprender entonces cómo y por qué un proceso político puede movilizar masivamente a todos esos pueblos, del mismo modo que, en otros tiempos, hubo proyectos políticos que movilizaron masivamente a los pueblos de Occidente.

Desde hace algunos años, no obstante, esta guerra franqueó una frontera que Clausewitz había vislumbrado apenas: muchos de los jóvenes que se alistan en la yihad islámica ya no lo hacen con el propósito, revolucionario o utópico, de erigir un califato, y de unir a toda la umma bajo un único califa, sino como una represalia contra los occidentales que asesinaron a sus hermanos. El fenómeno ya se había producido en Palestina con la Segunda Intifada, cuando los jóvenes dejaron de luchar por la liberación de su país y comenzaron a hacerlo para vengar a sus camaradas. Los dirigentes occidentales, por su parte, ordenan bombardear objetivos yihadistas como represalia por algún atentado para que la opinión pública de sus países vea, por televisión, hasta qué punto sus gobiernos no claudican frente al terrorismo. Este «ascenso de los extremos»,[1] esta multiplicación de las réplicas comienza a separar los actos de guerra de los objetivos políticos, como si, llegados a un punto, los combatientes se olvidaran de por qué estaban peleando y pensaran que no existe otra finalidad que la aniquilación del enemigo. Y cuando se llega a este momento, cuando los objetivos militares priman por sobre los objetivos políticos que desataron la contienda, se corre el riesgo de que la conflagración no se detenga hasta que alguna de las partes termine siendo aniquilada. Es el momento en que la política ya no dirige a la guerra sino al revés. Y en este ensayo vamos a intentar reconstruir los diferentes momentos de este proceso irreversible que produjo a esos dos personajes antitéticos: el mártir Rachid Kassim y el telecazador anónimo que lo suprimió en Mosul.

1. René Girard (en colaboración con Benoît Chantre), *Achever Clausewitz*, París, Flammarion, 2011.

CUANDO NOS MATAN A NOSOTROS

Esperando condolencias

La mañana del 12 de marzo de 2004 me encontraba dictando una clase en la Universidad de Burdeos cuando una alumna levantó la mano y me preguntó en nombre de sus compañeros si los autorizaba a ausentarse unos momentos del aula. El centro de estudiantes los había convocado en el patio de la facultad para observar un minuto de silencio en homenaje a las 191 víctimas fatales del atentado de Atocha. La noticia había conmovido el día anterior al mundo entero, pero mis estudiantes se habían sentido particularmente afectados por semejante masacre debido a que formaban parte del Departamento de Estudios Ibéricos e Iberoamericanos y un buen tercio de entre ellos era además hijo o nieto de inmigrantes del país transpirenaico.

José María Aznar había embarcado a España en una guerra contraria al derecho internacional y a la voluntad de la mayoría de su pueblo. A tres días de las elecciones del 14 de marzo, y considerando las consecuencias nefastas de su decisión, temía que los ciudadanos lo sancionaran votando contra su partido. De modo que intentó endosarles la responsabilidad del atentado a los separatistas de ETA, aunque la mayor parte de la prensa ya diera por descontado que la masacre constituía una venganza por la participación de Madrid en la coalición que había invadido Irak exactamente un año antes. Los periódicos franceses, por otra parte, no tardaron en privilegiar esta versión de los hechos dado que revalidaba el acierto de Jacques Chirac a la hora de negarse a comprometer a su país en la «cruzada» de George W. Bush, a pesar del masivo boicot a los productos franceses en los Estados Unidos y de la presión de algunos de sus aliados atlantistas, como los mediáticos *nouveaux philosophes* y hasta su propio ministro del Interior, Nicolas Sarkozy.

Cuando el grueso de los estudiantes terminó de desalojar el aula, noté que siete de sus compañeros permanecían sentados, cabizbajos. Les pregunté si no asistirían a la ceremonia, no tanto para saber si lo harían –ya era evidente que no– sino para averiguar si les había ocurrido algo que explicara ese abatimiento, porque tuve la vaga sensación de que habían tenido alguna bronca con sus compañeros unos momentos antes de que empezara mi clase. Se miraron entre ellos, como si estuvieran eligiendo quién hablaría en nombre de los demás, y uno me respondió en un murmullo: «Cuando nos matan a nosotros, ellos no hacen un minuto de silencio.» Solo en ese momento caí en la cuenta de que los siete poseían apellidos magrebíes.

Mientras esperábamos el regreso de sus colegas, conversamos acerca del atentado. A todos les había parecido un crimen horripilante. Y a ninguno se le ocurrió afirmar que los españoles merecían semejante represalia. Recordaban perfectamente las multitudinarias manifestaciones de oposición a la guerra y a la incorporación de España en la coalición agresora. Como sus compañeros, aquellos siete jóvenes también estaban inscriptos en el Departamento de

Estudios Ibéricos y era muy probable que se dedicaran a enseñar la lengua y la cultura españolas el resto de sus vidas. Bastaba además con oír sus argumentos para darse cuenta de que los siete eran productos de la escuela laica y republicana y de que para convalidar sus aserciones no apelaban a citas del Corán o de la Sunna sino a razonamientos vinculados con la desigualdad y la injusticia que podría haber esgrimido cualquier universitario francés en ese mismo momento. Pero cuando aquel estudiante dijo «nosotros», estaba incluyendo en ese breve pronombre al vastísimo conjunto de la comunidad musulmana. A esos jóvenes no les dolía que sus colegas estuvieran rindiéndoles homenaje a los 191 muertos de Atocha. Les dolía que no hubieran homenajeado un año antes a los 10.000 bagdadíes que perecieron bajo las bombas de la aviación norteamericana. Les dolía que los franceses se condolieran por los muertos españoles y se olvidaran de los suyos.

Ignoro si los siete respetaban escrupulosamente los pilares del islam: si efectuaban las cinco oraciones cotidianas, si reservaban la cuadragésima parte de sus ingresos a la caridad, si observaban el ayuno del Ramadán y si habían peregrinado alguna vez a La Meca. Tal vez creyeran que había solamente un Dios y que Mahoma era el Profeta, del mismo modo que muchos católicos creen que Jesús es el Mesías aunque no concurran a misa, ni se confiesen, ni consagren una parte de su tiempo o sus ingresos a socorrer a los más necesitados. A la manera de esos cristianos que se limitan a respetar unos pocos rituales a lo largo de sus vidas como el bautizo de los hijos, el casamiento por la Iglesia y los funerales religiosos, muchos musulmanes franceses omitían por aquel entonces las obligaciones cardinales del islam y se contentaban con observar unas pocas liturgias o con comer y beber *halal* en las fiestas familiares.

Los muchachos, en todo caso, no portaban esos atuendos típicos de los salafistas que no era raro observar en el campus por entonces y que fueron volatilizándose a medida que la opinión pública empezó a asociar el terrorismo con el fundamentalismo religioso. Las muchachas tampoco se cubrían la cabeza, ni con chador, ni con hiyab, ni con ninguna de esas prendas que muchas musulmanas siguen ostentando hoy en Francia como un desafío a sus padres «integrados» y a los presuntos defensores de la república laica que las insultan por la calle.

Ni siquiera hacía falta que mis estudiantes creyeran que existía un Dios cuyo profeta era Mahoma para que se sintieran parte de la colectividad del islam. Del mismo modo que muchos judíos se declaran ateos sin renegar ni un ápice de su condición de judíos, o que muchos católicos irlandeses se decían marxistas y materialistas en tiempos de la independencia, conocí a militantes argelinos o egipcios, sobrevivientes de los nacionalismos anticoloniales del siglo XX, lectores de Henri Curiel o Samir Amin, que ostentaban una hostilidad ilustrada hacia las prédicas de imanes y marabutos pero que sentían como suyos a los musulmanes muertos durante los bombardeos de Somalia o Sudán. Más allá de los Estados nacionales en donde habían nacido, estos argelinos o egipcios formaban parte de la *umma islamiyya,* una comunidad transnacional cuyas fronteras coinciden con el perímetro de propagación de una religión en la cual ellos no creen. A esta umma, después de todo, estaba haciendo alusión mi estudiante con el pronombre «nosotros». Aunque no figurase en ningún mapa, los límites de esta entidad colectiva se habían delineado con un trazo grueso en su respuesta cuando se refirió a sus compañeros, indiferentes al sufrimiento de los integrantes de la umma, recurriendo a otro pronombre personal: «ellos».

28

La umma y el califato

Esta comunidad no se limitaba, aun así, a los musulmanes cuando Mahoma la constituyó tras su llegada a Medina. En un primer momento, el Profeta había incluido a sus seguidores medineses y mequíes, pero también a los judíos, una colectividad cuantiosa por ese entonces debido a las conversiones masivas de los beduinos y los árabes durante la supremacía de dos siglos del Imperio himyarita, que oficializó esta religión y la propagó por toda la península. Mahoma no contaba solamente con la Gente del Libro como aliados para combatir a los politeístas sino que, además, esperaba convencerlos de que lo reconocieran como al último profeta. Y esto siguió siendo así hasta que él mismo decidió declararse como el único sucesor genuino de Ibrahim, o Abraham, y les exigió a los judíos y a los cristianos que lo trataran como tal. Las únicas leyes válidas en el interior de la umma serían, a partir de entonces, las promulgadas por Alá, y el único portavoz legítimo, el Profeta, de modo que la comunidad se volvió estrictamente islámica aunque judíos y cristianos fueran tolerados a cambio de un tributo especial, la *yizia,* que los habilitaba a practicar su religión y hasta a conservar sus templos. La teocracia mahometana se inicia con esa fusión del poder político y religioso, y por eso la situación se complica cuando Mahoma fallece en el año 632 –el décimo de la hégira– sin dejar un heredero. ¿Podía haber otro portavoz de Alá que no fuera su Profeta? Los mequíes eligieron muy poco después a Abu Bakr, padre de una de sus quince esposas, Aisha. Pero el suegro de Mahoma sucumbió dos años más tarde a una enfermedad perpetuando aquel embrollo. Uno de sus cuñados, Omar, elegido para sucederlo, murió diez años más tarde en circunstancias oscuras,

29

y uno de sus tantos yernos, Utman, terminó siendo asesinado durante una rebelión de los egipcios e iraquíes. Estos rebeldes lo sustituyeron por otro yerno del Profeta, Ali, a pesar de que Aisha no le tenía demasiada simpatía. Mientras tanto, la umma se había extendido desde Trípoli a Damasco, de modo que la pequeña comunidad de Medina, formada por habitantes locales y expatriados de La Meca, había terminado alcanzando, apenas veinticinco años después de la muerte del Profeta, la dimensión de un imperio. Y como no podía ser de otra manera, los creyentes percibieron la mano invisible de Dios en esta expansión prodigiosa.[1]

Los especialistas del islam polemizan todavía hoy acerca de la significación de vocablos como califa *(jalif)* y califato. Para algunos, califa significa sucesor, y a aquellos cuatro primeros califas, considerados «buenos conductores», se los llamaría así por haber sucedido a su pariente en el gobierno de la umma. Pero califa significa también delegado o representante, y hay quienes estiman que los califas son, por este motivo, los portavoces de Alá. Lo cierto es que la rebelión de los egipcios y los iraquíes contra Utman, así como la elección de Ali al frente del califato, desencadenaron la *fitna,* ese conflicto que sigue atravesando hasta nuestros días la comunidad del islam y cuyos principales contendientes son sunitas y chiitas. Este conflicto se perpetúa hoy a través de una guerra no declarada entre dos potencias petroleras: Arabia Saudita e Irán, que financian diversos grupos armados en Oriente Medio. Desde la época de Ali, el sueño de un califato único que reúna a todos los musulmanes y conduzca por el buen camino a la umma en su conjunto sigue siendo una aspiración de los

1. Maxime Rodinson, *Mahomet,* París, Seuil, 1994. [Trad. esp.: *Mahoma,* Barcelona, Península, 2002.]

creyentes. Desde que Kemal Atatürk disolvió el califato otomano y fundó la república laica de Turquía en 1924, muchos soberanos intentaron revivir ese gobierno teocrá- tico a través de la organización de congresos panislámi- cos.[1] Pero ninguno logró materializarlo. Y las divisiones doctrinarias entre sunitas y chiitas, las diferencias étnicas entre árabes, magrebíes, persas y javaneses, las divergencias lingüísticas entre las lenguas semíticas e indoeuropeas no fueron los únicos obstáculos. Los nuevos Estados naciona- les árabes surgidos de la disolución del Imperio otomano y de las revoluciones de la independencia constituyeron un impedimento mayor porque se habían formado a par- tir del desmembramiento de los imperios coloniales y por- que fueron por lo general la obra de nacionalistas laicos y socializantes, bastante poco proclives a la restauración de la teocracia califal. Estos revolucionarios veían en la cultu- ra de los imanes una brida para el proceso de moderniza- ción de sus países, y aunque algunos se mostraran muy cautos a la hora de enfrentarse con las autoridades religio- sas, y hasta recurrieran a ellas cuando buscaban el apoyo de los creyentes, esperaban deshacerse a mediano o largo plazo de este resabio del pasado. Frantz Fanon ya había se- ñalado que después de las revoluciones de independencia las élites laicas y occidentalizadas de las grandes capitales habían asumido una posición semejante a los funcionarios coloniales en relación con los campesinos.[2] Unos y otros los trataban como a bárbaros atrasados y supersticiosos

---

1. Nabil Mouline, *Le Califat. Histoire politique de l'islam,* París, Champs, 2016.
2. Frantz Fanon, *Les damnés de la terre,* Montreal, Les Classi- ques de Sciences Sociales, 2002, p. 64. [Trad. esp.: *Los condenados de la tierra,* Madrid, FCE de España, 2010.]

que vivían al margen del progreso histórico y que era preciso reformar a través de la educación y de la disolución de los viejos lazos patriarcales. El nacionalismo árabe se había opuesto, es verdad, a los imperios occidentales, pero había proseguido las políticas de modernización, o de occidentalización, de los colonialistas europeos, granjeándose la animosidad de los sectores religiosos, a tal punto que muchos de ellos no van a dudar en aliarse con algunas potencias occidentales para combatirlos.

Unos de los fundadores de los Hermanos Musulmanes, Hasan al-Banna, estimaba en 1928 que, para restablecer el califato, su partido debía emprender antes una larga y paciente campaña de reislamización de la umma, e iniciar esta tarea por los campus universitarios en donde los estudiantes de clase media y alta leían a los intelectuales de la izquierda europea y se mostraban fascinados con las costumbres de las metrópolis occidentales. Su sucesor, Said Qutb, entendió que esta tarea se encontraba en manos de una pequeña vanguardia que restablecería, a través de la yihad, o la guerra santa, la teocracia islamista, disolviendo paulatinamente las nuevas naciones laicas que habían dejado de lado el Corán en la educación de los niños y en las políticas gubernamentales. Algo similar pensaba el pakistaní Abul Maududi, el muy popular autor de *Jihad in Islam*, uno de los libros de cabecera de los talibanes afganos. La mayoría de los movimientos yihadistas modernos se inspiran en estos intelectuales. Tanto la resistencia contra la invasión soviética de Afganistán como la revolución de los ayatolás en Irán –ocurridas ambas el mismo año, 1979– iniciaron una nueva carrera entre sunitas y chiitas para imponerse en la conducción política y espiritual de la umma y erigir el califato «bien guiado». Ninguno, sin embargo, se atrevió a realizar este proyecto hasta que Abu Bakr al-Bagdadí, seudónimo inspirado en el primer califa de la historia, decida invertir la estrategia de Al-Qaeda anunciando en 2014, desde el imponente *minbar* de la mezquita de Mosul, la creación del nuevo califato.[1] Aunque desaparezca probablemente bajo los bombardeos simultáneos de los occidentales y los rusos —si no desapareció ya cuando alguien lea estas líneas—, la propia ubicación del califato es simbólicamente clave: su territorio se extiende a ambos lados de la frontera Sykes-Picot trazada durante la Primera Guerra Mundial por Francia y Gran Bretaña. Basta con haber leído *Los siete pilares de la sabiduría* de Lawrence de Arabia para recordar que esa frontera es un testimonio de la traición de ambos países a su alianza con los árabes en el combate que entablaron con los otomanos. Y el propio trazado de esta frontera demuestra, para los ideólogos del Estado Islámico, que los Estados nacionales modernos no emanan de la voluntad de los pueblos musulmanes sino de las potencias coloniales, interesadas en dividir la umma e impedir la reconstrucción del califato. De hecho, la ruptura entre el Estado Islámico y el Frente al-Nosra, rama siria de Al-Qaeda, gira en torno a ese problema: el líder de Al-Nosra, Abu Mohamed al-Julani, es un islamo-nacionalista que se bate contra el gobierno nacionalista de Al-Asad pero pretende conservar las actuales fronteras de Siria; Al-Bagdadí, por el contrario, pretende erigir un califato transnacional que reúna, al menos en un principio, a todas las poblaciones sunitas desde el Líbano a Yemen. De modo que al conflicto entre sunitas y chiitas hay que añadirle esta discrepancia entre los islamistas nacionales y transnacionales.

1. Mathieu Guidère, «Le retour du califat», *Le Débat* 2014/5, núm. 182, pp. 79-96; «Daech ou le Califat pour tous», *Outre-Terre* 2015/3, núm. 44, pp. 149-160.

Una demanda amorosa

Esto no significa, por supuesto, que mis estudiantes estuvieran soñando con una restauración del califato, porque vale la pena recordar que en marzo de 2004 los militares baazistas no se batían todavía contra la coalición occidental para restablecer la teocracia transnacional sino para defender el régimen nacionalista y laico de Sadam Husein. Pero había algo en aquella respuesta, algo de una dignidad perdida de los musulmanes o del orgullo agraviado de un pueblo que durante siglos construyó una civilización radiante y poderosa resistiendo las agresiones de los cruzados cristianos. Durante la era de los grandes imperios coloniales de los siglos XIX y XX, los habitantes de estos países se habían visto reducidos al papel de servidores de los europeos, rebajados a la condición de ciudadanos de segundo orden y relegados a los puestos y las actividades subalternas. Y aunque ya no ocuparan este mismo lugar, persistía un prejuicio que, a los ojos de las metrópolis occidentales, había justificado la presencia de los europeos en aquellas latitudes con el pretexto de «civilizar» a los «bárbaros», y que los sigue excluyendo tácitamente de ciertos puestos de la sociedad. A estas exclusiones se estaba refiriendo mi estudiante cuando lamentaba que los franceses no se condolieran por los muertos musulmanes, como si no hubiese habido una igualdad entre estos y los españoles. Salvando la distancias, esta misma dignidad herida vamos a encontrarla en las declaraciones de *Dar al-Islam,* la publicación del Estado Islámico de Irak y Sham, cuyos redactores sueñan con un futuro en que se termine la humillación de las poblaciones musulmanas y la umma recobre la grandeza de antaño gracias a la instauración del califato «bien guiado»: «Llegará el día en que el musulmán será el señor, noble, respetado en cualquier lugar», en que «levantará la cabeza y su honor estará preservado» porque «nadie se atreverá a atacarlo sin verse castigado y cualquier mano que se le acerque, será cortada».[1]

Porque si prestamos atención a la respuesta de mi alumno, se adivina detrás de su distinción entre «nosotros» y «ellos» una demanda amorosa o un reclamo de reconocimiento. ¿Por qué ellos no nos quieren a nosotros como quieren a los españoles? ¿Por qué no se conduelen por nuestros muertos como si valieran a sus ojos menos que los otros? Durante décadas, sus padres o sus abuelos habían tratado de «integrarse» o «asimilarse», abandonando sus atuendos tradicionales, ingresando en las organizaciones de la sociedad civil, incorporándose a la vida laboral europea y hasta desertando, en muchos casos, las mezquitas, que empezaron a vaciarse durante los años sesenta y setenta al mismo ritmo que se vaciaban las iglesias católicas, las sinagogas y los templos protestantes. Gilles Kepel recordaba hasta qué punto el islam se había vuelto invisible en países como Francia o Alemania, en donde vivía, sin embargo, una importante comunidad musulmana de origen magrebí o turco. Algunos respetaban la interdicción de la carne de cerdo; otros, pero muchos menos, la abstinencia de alcohol.[2] Y pueden encontrarse incluso en Francia, todavía, muchísimos más musulmanes en las fuerzas de seguridad del Estado nacional que en el movimiento islamista.[3] A pesar de todo esto, los musulmanes «diaspóricos», como los califica el iraní Farhad Khosrokhavar,[4] estiman que los europeos

1. *Dar-al-Islam,* enero de 2015.
2. Gilles Kepel, *Jihad,* París, Gallimard, 2003, p. 301. [Trad. esp.: *La yihad,* Barcelona, Península, 2001.]
3. Olivier Roy, *Le djihad et la mort,* París, Seuil, 2016, p. 64.
4. Farhad Khosrokhavar, *op. cit.,* p. 287.

no terminaron de aceptarlos como parte de su sociedad, como si siguieran haciendo una diferencia entre quienes son de aquí y quienes no son de aquí, o como si siguieran asignándoles, aunque la ley se lo impida, aquel lugar subalterno de la época colonial. Así es como muchas jóvenes musulmanas empezaron a portar de nuevo el chador o el hiyab oponiéndose al «islam light» de sus padres.[1] Y este cambio de atuendo no era solamente una rebelión sino también, y sobre todo, una respuesta despechada a aquella demanda de amor desairada.

Muchas conversiones religiosas provienen de situaciones semejantes. Recordemos, por ejemplo, el caso de los Black Muslims en los Estados Unidos.[2] La comunidad negra se había convertido masivamente, y con un fervor inusual, al cristianismo durante el período en que los terratenientes blancos los redujeron a la esclavitud, porque la lectura de la Biblia y la adopción de los valores y las costumbres cristianas les confería una dignidad humana a los ojos de sus amos blancos. A finales del siglo XVIII el pastor presbiteriano Cary Allen había empezado a predicar el Evangelio entre los esclavos, a pesar de la resistencia de los plantadores de algodón y tabaco, explicándoles que Jesucristo también había vertido su sangre por ellos y que las puertas del Paraíso estaban abiertas por igual a los blancos y a los negros. Aunque estos hubiesen preferido seguramente una redención y una igualdad que no fuera solamente post mórtem, entendieron que la adopción del cris-

1. David Thomson, *Les français jihadistes*, París, Les Arènes, 2015, p. 36.
2. Vittorio Lanternari, «Les Black Muslims. Du messianisme populaire à l'institution bourgeoise», *Archives de sociologie des religions*, núm. 24, 1967, pp. 105-120.

tianismo los elevaría a la condición de humanos a los ojos de sus amos, como si esa conversión también hubiese sido, a su manera, una demanda amorosa: «nosotros somos como ustedes puesto que vivimos y pensamos como ustedes». Así que abandonaron las creencias de sus ancestros y abrazaron las de sus amos. A pesar de la abolición de la esclavitud durante la presidencia de Abraham Lincoln, el régimen de segregación en algunos estados de la Unión, donde los africanos se veían relegados a la condición de ciudadanos de segunda categoría, podía compararse hasta los años sesenta con el apartheid sudafricano. A mediados de 1930, un vendedor de ropa de Detroit que se presentaba de puerta en puerta con el nombre de Fard Muhammad, aseguraba vender atuendos africanos y se decía descendiente del mismísimo Mahoma, empezó a propagar la idea de que la religión originaria de los negros no era el cristianismo —ni, por supuesto, el animismo—, sino el islam, que la Biblia judeo-cristiana había sido una falaz herramienta de dominación de los blancos y que la verdadera raza superior provenía del África subsahariana. En un lapso de apenas tres años, Fard Muhammad logró crear mezquitas en varias ciudades, escuelas primarias y secundarias, una Universidad del Islam y hasta una organización militar, Fruit of Islam, encargada de defender a los afroamericanos de las agresiones de la policía y los supremacistas blancos. En junio de 1934, no obstante, el profeta de los Black Muslims desapareció tan misteriosamente como había aparecido, aunque su organización perdure hasta hoy y haya contado con la adhesión de algunas figuras prestigiosas del movimiento de liberación de los afroamericanos como Malcolm X y Mohammed Ali. Por supuesto que la historia contada por Fard Muhammad era una fábula sin el más mínimo asidero histórico, por supuesto que los musulmanes que habían combatido a los cruzados en el siglo XI y los musulmanes que combatían a los supremacistas blancos en el siglo XX solo tenían en común ese nombre, pero esta potencia de fabulación, esta capacidad de mitificar el pasado, caracteriza, como decía Pierre Perrault, a los pueblos oprimidos que se inventan un origen, una memoria y una esperanza de redención. Y así, los Black Muslims de Detroit o Boston pudieron empezar a hablar de cuando «nosotros combatíamos a los cruzados» o cuando «nuestros ancestros se batieron contra los cristianos», aunque sus antepasados no hubieran participado jamás de aquel conflicto. Es cierto que el porvenir luminoso anunciado por estos supremacistas negros no tuvo nunca lugar y que los Black Muslims siguen siendo hoy muy minoritarios en el interior de las comunidades afroamericanas de Estados Unidos, a pesar de que algunos medios de comunicación exageraron en estos últimos años la «amenaza» de este grupo en el contexto de la lucha contra el terrorismo. Pero este movimiento no dejó de tener algunas consecuencias notorias sobre las condiciones de vida de sus adeptos, consolidando los lazos entre ellos y creando instituciones perdurables.

Alguien podría objetarnos que la situación de los musulmanes en la mayoría de las sociedades europeas no tiene ni punto de comparación con la segregación de la minoría afroamericana en los Estados Unidos. Ni tampoco con las carencias, las humillaciones, las violencias y sobre todo las deshonras sufridas por los palestinos en los campos de refugiados o en la Franja de Gaza. Y tendría toda la razón. Los musulmanes europeos pueden votar, presentarse como candidatos a las elecciones, asistir a la universidad, ocupar cualquier lugar en un medio de transporte sin verse obligados a cedérselo a los cristianos, y aunque se topen con una serie de dificultades para encontrar un trabajo debido a los prejuicios de algunos empleadores, las leyes y las instituciones estatales tratan de combatir este tipo de segregación en muchos países europeos. Pero lo importante no es solamente qué les pasa objetivamente sino cómo interpretan su situación en esas naciones o a qué relato recurren para contar la historia de sus vidas en las sociedades europeas. «Siempre tuve la impresión de ser inferior por el hecho de ser musulmana», le explicaba a Thomson una joven que había regresado a Francia para tener a su bebé después de partir a la yihad en Siria, donde en el lapso de unos meses se casó, quedó embarazada y enviudó. «Me dije que, evidentemente, yo no tenía mi lugar y que mis padres eran esclavos de la sociedad francesa», así que «me negaba a ser como ellos». Para ella, sus padres no se habían asimilado a la sociedad francesa por haber elegido vivir a la manera occidental, sino por haberse sometido al deseo de los otros: «He conocido a muchos musulmanes que dicen: "Nosotros somos musulmanes, pero no practicamos", como si necesitaran disculparse por ser musulmanes.» Ella, en cambio, «estaba orgullosa de ser musulmana», y por eso se marchó a integrar el Estado Islámico huyendo de esa «tierra de humillación» que, desde su perspectiva, era Francia.[1] En la *dawla* estaba obligada a ocultarse detrás de un velo integral, a aceptar el esposo que le impusieran las autoridades y a encargarse de todas las tareas domésticas; tuvo que aceptar un *mahram* (un tutor legal) que le extendiera una autorización hasta para salir a la calle cuando murió su marido; se vio privada de la educación y hasta de ciertos cuidados médicos elementales; pero se sentía más «libre» que su madre occidentalizada porque, viviendo

1. David Thomson, *Les revenants,* París, Seuil, 2016, p. 190.

«entre hermanos», podía practicar su religión sin que sus vecinos la mirasen de reojo o sin que sus compañeras de liceo la tacharan de extremista.

El islam político

La mayoría de los jóvenes que adoptan el islamismo en Europa provienen de familias árabes, persas, turcas, magrebíes o sahelianas. Pero estos mismos jóvenes acusan por lo general a sus padres de haberse olvidado del islam, mimetizado con los occidentales y dedicado a prosperar económicamente en lugar de preocuparse por su salvación y la defensa de la umma. Y por eso Olivier Roy sostiene que el islamismo europeo es, sobre todo, una rebelión generacional.[1] Observación acertada, dado que las estadísticas muestran que los jóvenes son los más proclives a involucrarse en la yihad contra la opinión de sus padres, de manera semejante a como, en otros tiempos, los jóvenes adhirieron masivamente a la revolución social distanciándose de sus progenitores juzgados conservadores. Pero esta explicación del yihadismo europeo por una ruptura de los hijos con los padres corre el riesgo de reducir este fenómeno a una cuestión de psicología de la adolescencia o de lucha generacional. Y como ya lo señalaba Ortega y Gasset, no todas las generaciones practican el parricidio, de modo que si hubo una ruptura con sus predecesores, hay que buscar las causas en factores que no son generacionales. Los ideólogos del Estado Islámico comprendieron, en todo caso, que los atentados en los países occidentales agravarían la desconfianza de la mayoría de la población hacia sus vecinos musulmanes,

1. Olivier Roy, *op. cit.*, p. 15.

y que esta desconfianza, este temor, esta separación cada vez más acentuada entre «nosotros» y «ellos», incrementaría proporcionalmente el alistamiento de los jóvenes en las fuerzas de la yihad. Les bastó para esto con observar el crecimiento de las opiniones antimusulmanas después del 11 de Septiembre o tras los atentados de Madrid, Londres o París. El más grande éxito del islamismo político es, en este aspecto, la popularidad de la francesa Marine Le Pen, del holandés Geert Wilders o del norteamericano Donald Trump. Un islamista sirio naturalizado español, Abu Musab al-Suri, explica en su popular *Llamado a la resistencia islámica mundial,* aparecido en 2005, que el objetivo de los yihadistas consiste en destruir las sociedades europeas desde adentro, provocando un enfrentamiento entre las diversas comunidades e incrementando el alistamiento de jóvenes afectados por el ambiente islamofóbico generado por los propios atentados. Y el peligro de esta nueva estrategia –lo que algunos teóricos llaman la «tercera yihad»– salta a la vista cuando se recuerda que en Francia hay unos cinco millones de musulmanes, unos cuatro millones en Alemania, otros cuatro en Estados Unidos y todavía dos millones más en Gran Bretaña, por no contar sino los países occidentales con una mayor cantidad de individuos que se reclaman de esta religión. La estrategia de los grupos yihadistas no estriba entonces en enviar misioneros al territorio europeo para convertir a los musulmanes al islamismo radical, sino en multiplicar los actos de violencia contra cristianos y judíos para crear un clima de suspicacia y temor entre las comunidades. No son las conversiones de muchos jóvenes al islamismo radical lo que trajo aparejado el enfrentamiento con el resto de la sociedad, sino el enfrentamiento con el resto de la sociedad lo que trajo aparejadas esas conversiones al islamismo radical.

Este fenómeno puede constatarse incluso en los propios países de la umma. Un político iraquí e historiador del islam, Ali Allawi, señalaba hace muy poco que la «wahabización» de los sunitas estaba acelerándose no solamente en Irak y Siria, sino también en Malasia o Egipto, de modo que las minorías chiitas de esos países habían comenzado a verse perseguidas como pocas veces en el pasado.[1] Los sunitas empezaron a atribuirles prácticas sacrílegas o abominables, al estilo de los pactos satánicos y los incestos rituales que los nazis les endilgaban a los judíos. Y estas acusaciones vinieron acompañadas por algunos pasajes al acto. Así, cuatro chiitas fueron linchados en 2013 por una muchedumbre enardecida mientras celebraban sus ceremonias religiosas en un pueblo cerca de El Cairo. Y una situación similar se vive en Yemen, un país en donde se instaló una buena parte de los saudíes de Al-Qaeda, lo que trajo aparejado un conflicto con la minoría chiita. Pero no fue la «wahabización» de los sunitas egipcios o yemeníes la que encendió esta nueva hostilidad hacia sus compatriotas chiitas, sino la guerra entre ambas minorías en Irak la que radicalizó las posiciones religiosas de las respectivas comunidades.

A principios de los años setenta el sociólogo francés Maxime Rodinson hablaba de «musulmanes sociológicos» para referirse al fenómeno de los inmigrantes que, en Europa, tenían una identidad musulmana aunque no practicaran la religión.[2] Esto no significaba, a su entender, menospreciar la importancia de la fe o el dogma en la vida de esa gente. Pero estos asuntos, cuando aparecen, «sirven esen-

1. Ali Allawi, *The Crisis of Islamic Civilization,* Connecticut, Yale University Press, 2010.
2. Maxime Rodinson, *Marxisme et monde musulman,* París, Seuil, 1972.

cialmente de cobertura ideológica a opciones provenientes de otro lado». Hoy podríamos hablar más bien de «musulmanes políticos» y de un proceso acelerado de «comunitarización» o «confesionalización» de algunos sectores del islam que siguen recurriendo a la religión como «cobertura» para darles legitimidad a esas «opciones provenientes de otro lado», del mismo modo que algunos afroamericanos, después de un siglo y medio de integración en alguna iglesia protestante, habían encontrado en el Corán una respuesta política a la segregación racial que padecían. A este fenómeno se refiere también Olivier Roy cuando sostiene que no hay una radicalización del islam sino una islamización de la radicalidad, como si algunos jóvenes de los suburbios de las grandes ciudades, donde en otros tiempos se encontraban las fábricas y los talleres que empleaban a sus padres, hubiesen encontrado en el islam el lenguaje de la rebelión contra el capitalismo occidental, o como si la rebelión contra las injusticias cometidas contra sus correligionarios precediera la conversión a la religión de Mahoma. Esto no significa negar la importancia de la religión en estos procesos, sino tratar de entender por qué la religión asumió esa importancia, y cuando buscamos la causa de cualquier fenómeno –de la reaparición del integrismo religioso en este caso–, no podemos buscarla en el propio efecto.

Alguien podría objetarme que, a diferencia de mis estudiantes, los terroristas que activaron las bombas en Atocha o ametrallaron a los integrantes de *Charlie Hebdo* eran «fundamentalistas» o «integristas», y habían sido fanatizados por los imanes radicales y su peculiar lectura del Corán, de modo que la religión estaría en el centro de sus vidas. Algunos de ellos, después de todo, suelen gritar *Allahu-ákbar* (Dios es grande) cuando están a punto de hacer estallar su chaleco de explosivos. ¿Y los terroristas no salieron de la redacción de *Charlie Hebdo* celebrando la venganza del Profeta mientras agitaban, victoriosos, sus kaláshnikovs? Pero esto no significa que fueran integristas o fundamentalistas (apelaciones acuñadas inicialmente para aludir a un grupo de ultramontanos españoles del XIX y a una secta protestante creacionista del siglo XX). Un juez de instrucción del polo antiterrorista de París, Marc Trévidic, contaba en uno de sus ensayos que muchos yihadistas que retornaban de Siria, donde habían luchado en favor del Estado Islámico para restablecer el califato e imponerle la sharia a los musulmanes locales sin dudar en acusarlos de *murtad*, o apóstatas, y hasta de castigarlos por eso, no sabían responderle cuáles eran los cinco pilares del islam cuando los interrogaba, ignorancia poco usual entre quienes pretenden regresar a los fundamentos de una religión o respetarla íntegramente.[1] Y los periodistas no cesan de sorprenderse cuando los vecinos de los terroristas franceses, ingleses o belgas cuentan que estos individuos no frecuentaban la mezquita o que se emborrachaban en la discoteca y fumaban marihuana como cualquier joven de su edad hasta unas semanas antes de pasar al acto. Uno de los autores de los atentados de noviembre de 2015 en París, Bilal Hadfi, aparecía en su foto de Facebook bebiendo un coctel con alcohol al borde de una piscina hasta unos meses antes de detonar su chaleco de explosivos en las inmediaciones de un estadio de fútbol. Algo semejante ocurrió con una de sus cómplices, Hasna Aït Boulahcen, quien frecuentaba las discotecas, bebía alcohol y se maquillaba apenas unas semanas antes de enfundarse en un hiyab y hacerse matar

1. Marc Trévidic, *Terroristes. Les 7 piliers de la déraison,* París, Lattès, 2013.

por la policía. Los hermanos Abdeslam tenían un bar en el barrio bruselense de Molenbeek que las autoridades cerraron por venta de hachís diez días antes de que uno de ellos, Brahim, se inmolara con un explosivo en París en noviembre de 2015, y el otro se diera a la fuga. La autopsia reveló que el autor del atentado en una feria de Navidad de Berlín, el tunecino Anis Amri, consumía regularmente hachís y cocaína. Hay también algunos casos de terroristas que habían incurrido antes en algunos pequeños delitos y se convirtieron o «renacieron» al islam después de haber pasado algún período, no demasiado largo, en prisión, donde los militantes islamistas consiguieron reclutarlos.

Un informe del contraespionaje británico aseguraba en 2008 que «lejos de ser devotos, una gran cantidad de quienes se involucran en el yihadismo no practican la religión de manera regular», incluso «muchos carecen de educación religiosa y pueden considerarse novicios en la materia» porque «muy pocos fueron educados en familias formalmente religiosas y existe entre ellos una proporción de conversos superior al promedio».[1] El centro francés de prevención de las derivas sectarias del islam asegura, por su parte, que el 80 % de los yihadistas proviene de familias no practicantes, conclusión confirmada por el West Point's Center for Combating Terrorism de los Estados Unidos: los yihadistas son jóvenes que no recibieron educación coránica tradicional y descubrieron el islam tarde a través de la propia yihad.[2] Los investigadores revelaron incluso que muchos de esos yihadistas habían comprado por internet obras como *El Islam*

1. Citado por Olivier Roy, *op. cit.*, p. 74.
2. Scott Atran, *L'État islamique est une révolution*, París, Les Liens Qui Libèrent, 2016, p. 40.

para Dummies,[1] mientras que un informe del Homeland Security Committee señala que la enorme mayoría de quienes se incorporan al Estado Islámico no lo hace a través de una mezquita sino de amigos, familiares o contactos con reclutadores en las redes sociales.[2] Según la unidad francesa de lucha antiterrorista, esta mayoría se elevaría incluso al 95 % de los «radicalizados». Otro especialista francés del yihadismo, Pierre Conesa, confirmaría en un informe que el 80 % de las personas que regresaron a Francia desde Siria después de haber combatido en la yihad, matando «infieles» occidentales o decapitando «herejes» chiitas, no frecuentaban tampoco la mezquita.[3] En Raqa o Mosul, algunos de estos jóvenes integraron la *shorta* (policía encargada de perseguir los actos susceptibles de amputación o ejecución) o la *hisbah* (policía dedicada a hacer respetar el uso del velo, las horas de rezo o la prohibición del alcohol), pero no muestran un gran fervor por la lectura de los textos o la práctica del culto. El diputado Sébastien Pietrasanta publicó en 2015 un informe en donde asegura que el 50 % de los combatientes del Estado Islámico dispuestos a perpetrar atentados suicidas son flamantes conversos o *born-again:* aun cuando se trate de musulmanes provenientes de familias religiosas, adoptaron las posiciones radicales del salafismo wahabita, muy poco usual entre los inmigrantes magrebíes, turcos, persas o sahelianos que se instalaron en Europa.[4] Estos yihadistas dedican además

---

1. Fethi Benslama, *Un furieux désir de sacrifice. Le surmusulman,* París, Seuil, 2016, p. 51.
2. Scott Atran, *op. cit.,* p. 40.
3. Jacques Baud, *op. cit.,* p. 291.
4. Sébastien Pietrasanta, *La Déradicalisation, outil de lutte contre le terrorisme,* www.ladocumentationfrancaise.fr, junio de 2015.

una buena parte del día a los intercambios por internet, a tal punto que los investigadores que trabajan para el juez Trévidic encuentran casi exclusivamente las pruebas de su implicación en alguna empresa terrorista indagando las redes sociales y los sitios de encuentros.[1] «El primer punto por el cual estos jóvenes radicalizados no son salafistas», agrega Olivier Roy, «es la ortopraxia: no les dan ninguna importancia a las normas cotidianas del *halal,* a las cinco oraciones, a los alimentos lícitos.»[2] Los habitantes de Raqa o Mosul, no obstante, los denominan *Ghulat takfir:* los inclementes zelotes prestos a tachar de impíos al resto de los musulmanes y a castigar cualquier incumplimiento de la sharia.

En un libro con entrevistas a yihadistas franceses, el periodista David Thomson reprodujo las declaraciones de Omar Omsen, el autor de *19 HH, la historia de la humanidad,* un video difundido por internet que se convirtió en una de las principales herramientas de propaganda de la yihad.[3] Después de su llegada a Siria, este senegalés trataba de explicarles a los combatientes del Estado Islámico los verdaderos principios de la legislación musulmana –la sharia–, aunque tampoco fuera un imán particularmente instruido en la materia. El propio Omsen estaba escandalizado por el hecho de que los yihadistas se incorporaran a la *shorta* o la *hisbah* y se dedicaran a imponerle la sharia a todo el mundo –prohibiendo el alcohol, obligando a las mujeres a portar el nicab, ejecutando a homosexuales o azotando a fornicadores– sin haber abierto jamás un Corán. «Había muchos jóvenes que no habían comprendido

---

1. David Thomson, *Les français jihadistes,* ed. cit., p. 112.
2. Olivier Roy, *op. cit.,* p. 108.
3. David Thomson, *Les français jihadistes,* ed. cit., p. 186.

las bases de su religión», le explicaba a David Thomson, porque habían aprendido el islam por «Google, los videos, los PDF y esas cosas».[1] Y si bien este wahabita admitía que semejantes soportes podían «ponerte en camino», no les proporcionaban a esos repentinos takfiristas más que «tres *hadit* y cuatro versículos» que se apresuraban a esgrimir ante cualquier circunstancia. Y por eso él mismo había optado por integrar otra organización, el Frente al-Nosra, afiliado a Al-Qaeda, cuyo objetivo inmediato no consistía en instaurar la sharia ni erigir un califato sino en vencer a los «cruzados» presentes en Irak y Siria. Un fenómeno semejante se produce en algunas ciudades controladas por el Estado Islámico, como Raqa o Mosul, donde las brigadas femeninas de Al-Hansa[2] se encargan de fiscalizar el comportamiento y las vestimentas de las mujeres para que se adecuen a los preceptos de la sharia, exigiéndoles el permiso de salida de sus tutores varones a las que circulan solas e imponiéndoles la separación estricta entre los sexos en los medios de transporte, las escuelas y los espacios públicos. Pero una joven siria le explicaba a un periodista extranjero que sus compatriotas tenían serias dificultades para entender a estas brigadistas cuando las interpelaban por la calle «debido a que no hablan árabe o muy poco», dificultad comprensible cuando se sabe que este grupo está compuesto, en su mayoría, por jóvenes llegadas a Siria e Irak desde Europa.[3]

1. *Ibid.*
2. Nombre de una poeta que se convirtió al islam después de haber conocido personalmente a Mahoma y a quienes los sunitas consideran la «madre de los mártires».
3. Pierre-Jean Luizard, *Le piège Daech. L'État islamique ou le retour de l'Histoire,* París, La Découverte, 2015, p. 155. [Trad. esp.: *La trampa DAESH. El Estado Islámico o el retorno de la Historia,* Madrid, Editorial Popular, 2016.]

Los grandes medios de comunicación, no obstante, suelen presentar a los terroristas como fervientes religiosos, y más de un especialista remontó los orígenes de esta violencia a los versículos del Corán, en un intento por demostrar que el islam era una religión esencialmente violenta. Esta demostración no exige demasiados esfuerzos de interpretación, dado que el propio Mahoma recurrió a ella y hasta se la aconsejó a sus seguidores, y en los yihadistas actuales existe una suerte de nostalgia de aquel primer siglo del islam en que esta religión se extendió desde Persia a Andalucía por la prédica y la espada, por la *dawa* y la *yihad*. Pero esto no significa que los jóvenes yihadistas ametrallen hoy a los asistentes a una sala de conciertos o degüellen a los chiitas ante las cámaras de internet tan solo por respetar religiosamente los consejos del Profeta. La incitación a la violencia, de hecho, puede llegar a ser todavía más aterradora en el Antiguo Testamento. «Cuando te acerques a una ciudad para atacarla», dice el Deuteronomio, «le brindarás primero la paz» (20, 10). «Si la acepta y te abre las puertas, todos los habitantes que haya en ella te servirán como esclavos en trabajos forzados» (20, 11). Y si se opusieran a verse esclavizados, Jehová los autorizaba a atacarlos. «El Señor, tu Dios, te la pondrá en tus manos y pasarás al filo de la espada a todos sus varones.» En las ciudades distantes, prosigue el Deuteronomio, «no dejarás nada con vida», «los darás a todos al exterminio, a hititas, amorreos, cananeos, ferezeos, heveos o jebuseos, tal como el Señor, tu Dios, te ha ordenado para que no aprendas a imitar las cosas horribles que ellos hacen con sus dioses...» (20, 16-18). Estas prescripciones no explican, sin embargo, la violencia del Estado de Israel contra los palestinos de Gaza, aunque algunos rabinos fundamentalistas puedan citar eventualmente la Torá para justificar estos actos. Los rabinos podrían invocar perfectamente otros

49

fragmentos de esos libros para condenar esos mismos actos de violencia, y algunos tampoco se privan de hacerlo, como no se privan de hacerlo los ulemas que condenan las violencias cometidas por las milicias islamistas. Porque del mismo modo que muchas suras preconizan la guerra, otras, y no menos importantes, predican la paz y la tolerancia, como sucede con el versículo 125 de la sura llamada «Las abejas»: «Por la sabiduría y la buena palabra, haz tu llamado al sendero del Señor y discute con la gente de la mejor manera. Porque tu Señor conoce mejor que tú al que se pierde de su sendero y es él quien conoce mejor a quienes son bien guiados.» Y «si los infieles optan por la paz», añade el versículo 61 de la sura denominada «El botín», «opta por la paz con ellos y confía en Alá, porque él lo oye todo y lo sabe todo». Como explica el sociólogo iraní Farhad Khosrokhavar, «existen en el Corán suras contra la guerra y por la paz como existen algunas en favor de la yihad y en contra de una paz percibida como humillante para los creyentes». Pero «las interpretaciones cambian con las situaciones sociohistóricas y el llamado al yihad se transforma en función de las circunstancias históricas y la emergencia de nuevos grupos más o menos combativos».[1] Del mismo modo que, a fuerza de interpretarlos, podemos hallar en los escritos sagrados de las otras religiones monoteístas el anuncio profético de cualquier suceso actual, también podemos encontrar en los versículos del Corán el precepto que justifique –o, al revés, condene– cualquier acto de violencia. Una vez más, estos escritos «sirven esencialmente de cobertura ideológica a opciones provenientes de otro lado», como si las diversas interpretaciones de los textos sagrados dependieran de las posiciones políticas en una coyuntura histórica precisa.

1. Farhad Khosrokhavar, *op. cit.*, p. 30.

Basta incluso con echar una mirada a las reivindicaciones de los autores de atentados para comprobar que los contenidos religiosos intervienen muy poco y en ningún caso se invocan para justificar esas acciones. Recordemos, para el caso, las declaraciones de Mohamed Siddique Khan, uno de los autores del atentado del 7 de julio de 2005 en Londres. «Nuestras palabras no tienen impacto sobre ustedes», decía este joven musulmán en un video,

por eso vamos a hablar un lenguaje que ustedes comprendan. Nuestras palabras están vacías hasta que no les damos vida con la sangre. Estoy seguro de que en este momento los medios de comunicación dan una imagen apropiada de mí, esta máquina de propaganda previsible va a mostrarnos bajo un aspecto favorable al gobierno y asustar a las masas para que acepten las agendas del poder y de los obsesionados por las riquezas. Yo y millares como yo abandonan todo por aquello en lo que creen. Nuestra motivación no viene de los bienes tangibles que este mundo puede ofrecer. Vuestros gobiernos democráticamente electos perpetúan las atrocidades contra mi pueblo en el mundo entero. Y como los sostenéis, sois directamente responsables, como soy directamente responsable de proteger y vengar a mis hermanos y hermanas musulmanes. Hasta que no nos sintamos seguros, seréis nuestros blancos, mientras sigáis bombardeando, gaseando, encarcelando y torturando a mi pueblo, no dejaremos de combatir.[1]

1. «London bomber: Text in full», BBC News Channel, 1 de septiembre de 2005.

Otro terrorista del 7 de julio, Shehzad Tanweer, se dirigió a los británicos en términos muy similares:

> Vosotros os preguntáis sin duda por qué merecéis esto. Sois, vosotros y vuestro gobierno, los que, hasta el día de hoy, oprimís a nuestras mujeres y nuestros niños, nuestros hermanos y hermanas, del Este y del Oeste, de Palestina, Afganistán, Irak y Chechenia. Vuestro gobierno apoyó la masacre de unos 50.000 inocentes en Faluya [...]. Sois directamente responsables del problema en Palestina y en Irak hasta hoy. [...] Estamos comprometidos al 100 % en la causa del islam. Amamos la muerte como vosotros amáis la vida. Os pedimos que abandonéis vuestro apoyo al gobierno británico y a la presunta Guerra contra el Terror. Interrogaos por qué miles de hombres están dispuestos a dar su vida por la causa de los musulmanes.[1]

Ninguno de los terroristas británicos invocó la religión para explicar los atentados. Es cierto que algunos años más tarde los ataques contra *Charlie Hebdo* se presentaron como una represalia por las blasfemias cometidas por los dibujantes del semanario satírico, de modo que se trataría de una acción de contenido estrictamente religioso. Pero cuando Amédy Coulibaly reivindica los asesinatos perpetrados ese día por él y los hermanos Kouachi, no recurre a argumentos religiosos sino políticos:

> Ustedes atacan el Califato, ustedes atacan el Estado Islámico, y nosotros los atacamos. No pueden atacar sin recibir una réplica. Entonces se hacen las víctimas, como si no comprendieran lo que pasa, por algunos muertos,

1. https://www.youtube.com/watch?v=FG6a26uX1eA

cuando ustedes y su coalición, con ustedes incluso a la cabeza, bombardean regularmente allá, matan combatientes, matan... ¿Por qué? ¿Por qué aplicamos la sharia? Hasta en nuestro país tenemos miedo de aplicar la sharia ahora. Ustedes deciden lo que debe pasar en toda la Tierra. No será así. Vamos a resistir.[1]

Después de las matanzas en varios cafés, restaurantes y una sala de conciertos en París, el comunicado del Estado Islámico decía: «Creo que no podemos ser más claros. Los ciegos bombardeos franceses son la causa de esta amenaza. Amenaza que cumplimos el 13 de noviembre de 2015 en París y Saint-Denis.»[2] El propio Chérif Kouachi había declarado durante su proceso en 2008 que él se había radicalizado «después de ver las imágenes de la prisión de Abu Ghraib».[3] Uno de los cuatro autores de la tentativa de atentado del 21 de julio de 2005 en Londres resumió muy bien la posición durante un interrogatorio realizado por los servicios italianos: «Esto no tiene nada que ver con la religión», les dijo a los investigadores, «¡habíamos visto imágenes y videos de la guerra de Irak!»[4] Y hasta el propio Bin Laden se abstuvo de llevar a cabo una interpretación teológica de los atentados del 11 de Septiembre para limitarse a una lectura fríamente contable. Esos ataques, explicó, les costaron entre 400.000 y 500.000 dólares a los yihadistas, mientras que Estados Unidos invirtió diez millones de veces esa suma en gastos de seguridad y militares.

1. https://www.youtube.com/watch?v=_VUoQ391pbE
2. *Dar al-Islam Magazine*, núm. 7, noviembre de 2015, p. 4.
3. «Assaulting Democracy: The Deep Repercussions of the Charlie Hebdo Attack», *Der Spiegel International* on line, 9 de enero de 2015.
4. Citado por Jacques Baud, *op. cit.*, p. 290.

Después de haber estudiado quinientos casos de terroristas, un psiquiatra de la CIA, Marc Sageman, asegura que las primeras cuatro etapas de la adhesión a un grupo yihadista son, en primer lugar, la cólera provocada por la persecución de sus hermanos en otras partes del mundo; a continuación, la manera en que el sujeto sitúa esta cólera en el contexto de una guerra de los occidentales contra los musulmanes; en tercer lugar, la cólera por sentirse discriminado en el seno de una sociedad occidental; por último, el reclutamiento por un grupo que le propone expresar su cólera a través de un acto violento.[1] La religión no interviene en ninguna de estas cuatro etapas, como no sea bajo la forma de la referencia a los países musulmanes convertidos en víctimas de los occidentales, sentimiento que puede compartir perfectamente cualquier «musulmán político» sin un gran apego al culto. En las cuatro etapas, en todo caso, prima la oposición entre «nosotros» y «ellos», y en la cuarta, sobre todo, la organización yihadista inserta esa oposición en un relato que le da sentido y prepara la acción.

Recordemos incluso la *fatwa* firmada por Bin Laden, Al-Zawahiri y otros dirigentes de Frente Islámico Mundial el 23 de febrero de 1998, considerada la primera declaración de guerra a Occidente y punto de partida de la yihad que dura hasta nuestros días. Este texto no invoca motivos religiosos sino geopolíticos, y cuando la religión aparece, no se vincula con Al-Qaeda sino con Estados Unidos:

1. Marc Sageman, *Leaderless Jihad: Terror Networks in the Twenty-First Century*, Filadelfia, University of Pennsylvania Press, 2008.

En primer lugar, desde hace siete años los Estados Unidos ocupan la tierra del islam en su parte más santa, la península arábiga, pillando sus riquezas, imponiendo su voluntad a los dirigentes, humillando a su población, aterrorizando a sus vecinos y utilizando sus bases de la península como punta de lanza para atacar a los pueblos musulmanes vecinos. Si algunas personas cuestionaron esta ocupación en el pasado, toda la población de la península lo hace ahora. La mejor prueba es la agresión continua de los norteamericanos contra el pueblo iraquí, utilizando la península como puesto avanzado, a pesar de que los dirigentes se opongan al uso de su territorio con esta finalidad, pero sin que nadie los ayude. Segundo, a pesar de la gran devastación infligida al pueblo iraquí por la alianza de los cruzados sionistas, y a pesar del número elevado de muertos, que alcanzó ya el millón, a pesar de todo esto, los norteamericanos están repitiendo esas masacres horribles, porque no están satisfechos con el prolongado bloqueo impuesto después de una guerra feroz y devastadora. Así, se disponen a aniquilar a lo que queda de este pueblo y a humillar a sus vecinos musulmanes. En tercer lugar, aunque los objetivos de los americanos detrás de estas guerras sean religiosos o económicos, sirven también al Estado judío, al desviar la atención de su ocupación de Jerusalén y del asesinato de musulmanes. La mejor prueba de esto es el empeño en destruir Irak, el vecino árabe más poderoso, y su maniobra para fraccionar todos los Estados de la región como Irak, Arabia Saudita, Egipto y Sudán en pequeños Estados de papel que por su desunión y su debilidad garanticen la supervivencia de Israel, y permitan continuar la brutal ocupación cruzada de la península.[1]

1. Citado por Jacques Baud, *op. cit.*, pp. 112-113.

Alguien me dirá que asesinar a sangre fría a cientos de personas indefensas –entre las cuales podían encontrarse, además, un buen número de musulmanes– no constituye un acto de guerra sino un homicidio de masas puro y simple, porque no se trata, entre otras cosas, de un objetivo militar y porque no neutraliza en lo más mínimo las capacidades de acción del ejército enemigo. Y se trata, en efecto, de un homicidio de masas. Pero también de un acto de guerra con un objetivo político: los autores de estos atentados no pretendían vencer a ejércitos como el estadounidense, el británico, el francés o el español, ni debilitar los sofisticados armamentos de sus contrincantes a través de matanzas de civiles. Pero en esta «guerra asimétrica» no se trata de doblegar al enemigo militarmente sino políticamente. Y no hay mejor ilustración de este fenómeno que el atentado de Atocha: no solamente tuvo como consecuencia inmediata la derrota de Aznar en las elecciones del 14 de marzo sino que además llevó a Rodríguez Zapatero a retirar las tropas del territorio iraquí, retirada que se tradujo en un cese inmediato de las operaciones terroristas en territorio español. Otro español, Abu Musab al-Suri, explicaba perfectamente esta estrategia en su *Llamado a la resistencia islámica mundial:*

Los muyahidines o la resistencia no deben pasar por alto la importancia de la disuasión contra sus enemigos. Deben esforzarse en crear la impresión de que su brazo está listo para alcanzarlos y golpear a quienquiera que piense participar de la agresión [contra la umma]. Generalmente, la mayoría de nuestros enemigos, desde el presidente hasta las tropas, son unas ratas cobardes. Es posible disuadirlos si se les da una lección golpeando y castigando a algunos de ellos. Esta disuasión apunta a hacer retirar a quienes participan en la guerra o a actuar preventivamente contra los que piensan hacerlo.[1]

Como lo explicaba Robert Pape en un artículo de 2006, «en lugar de la religión, casi todos los atentados suicidas del mundo tienen un objetivo político determinado: forzar a un país democrático a retirar sus fuerzas militares de un territorio que los terroristas consideran su patria o que estiman particularmente».[2] Si, como suelen afirmar algunos formadores de opinión, Al-Qaeda se hubiera movido solamente por el odio a la civilización occidental, la democracia o la libertad, habría atacado cualquier país democrático y no solamente aquellos que participaron de la «cruzada» contra la umma. Cuando Rodríguez Zapatero retiró las tropas de Irak después del atentado de Atocha, Al-Qaeda no cometió más atentados en suelo español. Hubo que esperar hasta el atentado del 17 de agosto de 2017 en Barcelona para que un nuevo ataque así se produjera, cometido por una organización diferente, el Estado Islámico, cuya estrategia ya no consiste en desalentar las intervenciones occidentales en la umma sino en alentar el enfrentamiento entre comunidades en el seno mismo de los países occidentales.

Y sin embargo no es falso que los yihadistas odien la democracia y la libertad occidentales porque basta con recorrer los escritos de los ideólogos de Al-Qaeda o el Estado Islámico para encontrar las diatribas en contra de ambos valores. Los escritos del médico egipcio Ayman al-Zawahiri, por ejemplo, desbordan de críticas a la democracia, un

---

1. Jacques Baud, *op. cit.,* p. 281.
2. Robert Pape, «Suicide Terrorism and Democracy», *Policy Analysis,* CATO Institute, 2006.

sistema donde, a su entender, la legislación no proviene de Dios sino del pueblo, un sistema que confunde, en consecuencia, las verdades eternas de la divinidad con las opiniones variables de la multitud. Me atrevería a sostener incluso que este odio explica, en buena medida, la decisión de alistarse en la yihad de muchos jóvenes provenientes de países europeos. Los yihadistas odian la democracia, es cierto. Los yihadistas cometen atentados en países democráticos, también es cierto. No hay sin embargo una relación de causa-efecto entre ambas constataciones. Existen muchos países democráticos que no fueron atacados ni por Al-Qaeda ni por el Estado Islámico. Esta última organización comete incluso muchísimos más atentados contra los «herejes» chiitas que contra los «cruzados» cristianos y sionistas. Por más abominables que nos parezcan, los actos terroristas contra blancos occidentales se inscriben en una lógica de «guerra asimétrica» caracterizada por una descomunal disparidad tecnológica entre las fuerzas en conflicto, y por eso los yihadistas de estas organizaciones no son los primeros, y probablemente no sean tampoco los últimos, en tratar de alcanzar ciertos objetivos políticos recurriendo a métodos aterradores, aunque no menos aterradores, por supuesto, que los bombardeos sobre Bagdad o las bombas de fósforo o napalm sobre Faluya. Como declaró un jefe de Hamás con cierto cinismo: «El día que poseamos bombarderos y misiles, cambiaremos nuestros métodos de legítima defensa, pero mientras tanto solo podemos propagar el fuego a mano limpia y sacrificándonos.»[1]

Aunque no cesen de decir que la libertad y la demo-

---

1. Citado por Mia Bloom, *Dying to Kill, the Allure of Suicide Terror*, Nueva York, Columbia University Press, 2005, p. 4.

cracia occidentales son diametralmente contrarias a los principios del islam, los terroristas no invocan estos motivos para justificar sus atentados. Para ellos, el objetivo no es castigar a los infieles sino provocar una inflexión en la política del enemigo, y los civiles asesinados durante algún atentado no son menos «víctimas colaterales» de esta guerra. Pero tanto Al-Qaeda como el Estado Islámico comprendieron que los actos terroristas provocan en algunos países una ascensión de los extremos que les permite acrecentar en poco tiempo el número de sus adeptos y trasladar la yihad al corazón mismo de Occidente: los atentados incrementan la islamofobia de las sociedades occidentales y su «radicalización» hacia la extrema derecha, con el aumento consecuente de los actos discriminatorios hacia sus conciudadanos musulmanes, lo que provoca la «radicalización» simétrica de muchos jóvenes nacidos en familias musulmanas secularizadas, hartos de no encontrar un trabajo por poseer un apellido magrebí, turco o pakistaní, o de ser interpelados regularmente por la policía debido al color de su piel o sus rasgos fisonómicos.

El nacimiento de una escisión

Antes de interrogarse, en todo caso, acerca de por qué jóvenes como Amédy Coulibaly y Mohamed Siddique Khan pudieron cometer actos de violencia tan monstruosos, antes de preguntarse incluso por qué lo hicieron en los países en que nacieron y crecieron, se educaron y se enamoraron, habría que ponerse a pensar cómo es posible que empezaran a hablar de «nosotros» o «mi pueblo» como si formaran parte de los países bombardeados por las potencias de la OTAN, cuando no habían pisado jamás esas tierras antes de lanzarse a la yihad, ni para visitar a algún pariente, y en muchos casos ni siquiera eran capaces de leer un Corán en árabe, si es que alguna vez lo hicieron en otro idioma. «Hasta en nuestro país tenemos miedo de aplicar la sharia ahora», declaraba, sin embargo, Amédy Coulibaly, quien había descubierto su vocación musulmana apenas unos meses antes. ¿Cuáles son las condiciones para que un joven francés, que gozó de las ventajas de la educación republicana, de un conjunto de derechos conquistados después de décadas de luchas populares, y cuya familia se benefició probablemente con el sistema solidario de salud o de vivienda, considerase que su país era el califato, es decir, el Estado Islámico, adonde sus correligionarios llegan, en muchos casos, para morir como mártires? ¿Qué pudo ocurrir para que unos jóvenes que escuchaban la misma música que los afroamericanos de Harlem o los latinos de South Central, y hasta se vestían como ellos, decidieran de un día para otro comprar un pasaje a Siria para combatir a los «cruzados» cristianos o a los «herejes» chiitas y regresar a ametrallar a sus conciudadanos en la terraza de un bar o una sala de conciertos? Esos jóvenes no crecieron en un pueblo de Afganistán o Siria donde, más allá de la lectura del Corán, existían ciertos usos y costumbres particulares de esas colectividades. Esos jóvenes nacieron y vivieron en metrópolis europeas, y en familias que, aunque tuvieran en muchos casos un origen musulmán, se habían adaptado a la manera de vivir y de pensar de esas ciudades. ¿Algunos pocos escritos o charlas llegaron a tener el poder de provocar semejante conversión en pocos meses? Uno de los yihadistas de dieciocho años entrevistado por David Thomson en Siria le contaba que había decidido partir a la yihad después de ver por YouTube –subtitulado en francés– un video donde un combatiente narraba la resistencia heroica de las tropas iraquíes contra el ejército estadounidense durante la primera batalla de Faluya en abril de 2004. «Francamente», concluía, «era la única vez en mi vida que lloraba mirando un video después de *El rey león.*»[1] Otro de los yihadistas franceses interrogados por este periodista se quejaba de que algunos musulmanes dijeran: «Como Siria no es mi país, no es tampoco mi problema.» «Este nacionalismo mató a la comunidad», le explicaba al periodista, resumiendo uno de los principales obstáculos del siglo XX para la instauración del califato: los Estados nacionales.[2] Preguntarse entonces por qué unos jóvenes franceses, belgas o británicos cometieron actos de violencia contra sus propias comunidades nacionales significa atribuirles una identidad en la cual, tal vez, no se reconozcan, y naturalizar un gentilicio que no deja de ser convencional, por más que, como estipula el derecho de suelo, esos jóvenes hayan nacido en esos países o, como decreta el derecho de sangre, provengan de una familia originaria del país. Estas convenciones jurídicas que le confieren una nacionalidad a un sujeto por un motivo o por otro, se quedan en letra muerta cuando el propio sujeto no se siente interpelado por ellas. Porque a estas nominaciones no les basta, para tener eficacia, con haber sido establecidas por los funcionarios estatales en los códigos escritos: precisan que el sujeto las asuma, y el sujeto no las asume, o de repente deja de asumirlas, si se identifica con otras. Cuando los yihadistas franceses, belgas o británicos dejaron de decir «nosotros» para aludir a un conjunto nacional, y empezaron a emplear este pronombre para referirse a la umma, o cuando llegaron a aludir a los británicos

1. David Thomson, *Les français jihadistes,* ed. cit., p. 143.
2. *Ibid.,* p. 79.

o los franceses con los pronombres «ellos» o «vosotros», como si no pertenecieran más a esos conjuntos, estaban poniendo en evidencia hasta qué punto la existencia de las identidades depende de factores políticos: la educación, la cultura, las costumbres que supuestamente formarían parte de la identidad de un sujeto, dejan de tener importancia, del mismo modo que en otros tiempos el joven educado en una cultura burguesa podía afiliarse a un partido de izquierda o de extrema izquierda y empezar a hablar en nombre de los obreros o los campesinos utilizando el pronombre «nosotros», como si hubiera nacido en, o como si fuera hijo de, una familia proletaria. ¿Qué hizo, después de todo, un personaje como Ernesto Che Guevara? Nacido en el seno de una familia de la burguesía argentina, este médico viajó a miles de kilómetros de su país, se comprometió con la causa de los trabajadores cubanos y hasta se puso a hablar en nombre de ellos, como si fuera uno de ellos, sin que ni él ni los cubanos vieran el menor inconveniente.

La historia del asesino del padre Jacques Hamel en la iglesia de Saint-Étienne-du-Rouvray nos puede ofrecer algunas pistas para entender por qué más de 1.100 jóvenes franceses de origen magrebí o saheliano decidieron partir a la yihad en estos últimos años o por qué unos 10.500 tienen algún tipo de vínculo con el islam radical en el interior del país. Saint-Étienne-du-Rouvray es un viejo suburbio obrero de Ruan, con una importante cantidad de fábricas y talleres, y una de las primeras municipalidades comunistas de Francia. La necesidad de mano de obra después de la Segunda Guerra Mundial atrajo a muchos trabajadores del Norte de África, como la familia de Adel Kermiche, proveniente de Cabilia. Esta familia puede considerarse un modelo exitoso de integración: su hermana mayor estudió medicina y trabaja como cirujana, otros hermanos llegaron a puestos ejecutivos en grandes empresas y su madre enseñaba en un liceo técnico cercano. Pero como lo señala Gilles Kepel, «la sociabilidad comunista se disolvió irremediablemente con la crisis económica de los años setenta», la desaparición de las fábricas y de los empleos obreros. En este barrio periférico de 20.000 habitantes, el desempleo llegó a afectar en estos últimos años al 45 % de los jóvenes, lo que trajo aparejado el incremento de la delincuencia y el tráfico de droga. En este cuadro social, Adel Kermiche abandonó los estudios secundarios y no logró obtener su certificado de animador para trabajar con niños en un centro de recreación. Después de la masacre de *Charlie Hebdo*, en enero de 2015, sus familiares notaron que empezaba a dejarse crecer la barba, a frecuentar a un ulema salafista y a consultar periódicamente la cadena televisiva privada de Rachid Kassim. Intentó viajar a Siria algunos meses más tarde, pero las autoridades alemanas lo enviaron otra vez a Francia debido a su minoría de edad. Apenas cumplió dieciocho años, estuvo detenido brevemente en la prisión de Fleury-Mérogis, donde un jeque salafista terminó su formación. Cuando abandonó la prisión, Kermiche no eligió su blanco al azar. Saint-Étienne-du-Rouvray representaba un caso logrado de diálogo interreligioso, a tal punto que la iglesia del padre Hamel le había cedido unos terrenos a la comunidad musulmana para que se construyera allí la mezquita que desde el año 2000 reúne a unos 1.700 creyentes, muchos más que los contados inmigrantes portugueses que frecuentaban el templo católico y que asistirían, despavoridos, al asesinato del sacerdote. Era la primera vez que un yihadista asesinaba en Francia a un clérigo católico, y sin embargo Kermiche no le atribuyó a su acto un contenido religioso. Para él y su cómplice, Abdel-Malik Petitjean, se trató de una venganza por los bombardeos de los «cruzados» sobre el califato.

«Ellos nos matan a nosotros, nosotros los matamos a ellos», resumía otro yihadista francés en ese mismo momento. «Cuando yo estaba en la *jahiliyya* [ignorancia]», le explicaba a David Thomson, «no odiaba a Francia»:

> miraba los partidos de fútbol de Francia, estaba a favor de Francia, frecuentaba muchas chicas, fumaba hachís en Francia, hablaba con los policías –cuándo hay que matar a esos idiotas–, me entendía con todo el mundo. Había hecho algunas tonterías, pero hacía mis reeducaciones e iba a ver a los educadores correctamente. Obtuve mi bachillerato con una mención, me sentía bien en Francia antes de venir al *minhaj*. Decíamos vete al coño, Francia, me paso a Francia por las bolas, quememos Francia, destruyamos Francia, pero, amigo, te digo la verdad, yo crecí en Francia, no vamos a engañarnos, hice todo allá. Entonces soy francés, tengo una nacionalidad francesa, y no tengo otra. Soy marroquí y argelino, es cierto, pero soy francés. Solo que Dios me guió hacia el «no te integres en Francia, combate Francia y obtendrás el paraíso».[1]

Cuando nos preguntan entonces si existen las identidades nacionales, sociales, religiosas, sexuales o generacionales, deberíamos decir que sí, porque, en principio, podemos estimar que existen todas aquellas cosas cuyos efectos constatamos, y estas identidades tienen efectos más que notorios sobre la vida de la gente. Pero esto no significa que

1. David Thomson, *Les revenants,* ed. cit., p. 260.

esas identidades sean inmutables, y el fenómeno de la conversión –clave para entender la llamada «radicalización» de los yihadistas– alude precisamente a esta mutabilidad. El converso es quien ya no se reconoce en la misma identidad, o no se inscribe en el mismo conjunto, cuando habla de «nosotros». Y la conversión puede llegar a ser tan radical que empiece a hablar, como el caso de Kermiche, de «ellos» para referirse al conjunto de personas en el cual se reconocía hasta apenas unos días antes, el conjunto donde se encontraban sus amigos de adolescencia, sus compañeros de escuela y hasta, en algunos casos, sus propios padres. Estas conversiones o estos «renacimientos» no dependen, en consecuencia, de la cultura, la religión o las costumbres transmitidas por un grupo a sus descendientes: dependen de otros factores, y explicar por qué hay conversiones, o por qué los sujetos se desplazan de un conjunto humano a otro, significa explicar el fenómeno de la «radicalización».

La cultura musulmana tiene una palabra precisa para aludir a este desplazamiento de un conjunto a otro: la hégira. La propia conversión del Profeta se vincula con esta hégira, con esta migración desde La Meca a Medina, y no es casual que el calendario musulmán se inicie con este exilio de Mahoma y sus seguidores mequíes. No hay auténtica conversión, no hay una ruptura con la vieja identidad, o con la vieja vida, sin hégira. Olivier Roy habla de un proceso de «desocialización» acompañado por una nueva socialización «con hermanos y hermanas de armas».[1] Y el propio vocablo *hijra,* en efecto, proviene de una raíz semítica que no significa solamente exilio o emigración sino también ruptura con los lazos familiares o amicales. A esta ruptura se refería también el vocablo griego *xeniteía* que

1. Olivier Roy, *op. cit.,* p. 51.

los romanos traducirían por *peregrinatio:* en la cultura monástica de los primeros tiempos del cristianismo no se trataba de un viaje hacia los lugares santos, sino de un exilio prolongado o de una ruptura con un entorno familiar, con unos amigos y unos hábitos, con una identidad cultural y religiosa. La *xeniteía* estaba estrechamente vinculada con la conversión. La *peregrinatio* era un viaje a otro lugar, sí, pero sobre todo hacia otra vida: la *vita nova*.[1] Sucede algo similar con la hégira: el exiliado pasa de un espacio a otro pero también de un conjunto a otro, de un grupo a otro, de una identidad a otra. Y esta ruptura se anuncia en la respuesta de mi estudiante francés después del atentado de Atocha: «Cuando nos matan a nosotros, ellos no hacen un minuto de silencio.»

El culto de las víctimas

¿Por qué las víctimas españolas eran más importantes para los franceses que las víctimas iraquíes? ¿Por qué no les rendían el mismo homenaje? Son las preguntas que se hacía, y me hacía, mi estudiante musulmán aquel 12 de marzo. Porque ni siquiera hacía falta remitirse a los muertos provocados por los bombardeos occidentales en Irak o Afganistán. Bastaba con observar la diferencia en el tratamiento de los medios de comunicación europeos cuando se trata de atentados cometidos en países musulmanes u occidentales. Aunque el número de atentados y de víctimas en los primeros sea cien veces más grande que la cantidad de ataques y muertos en los segundos, la cobertura

1. Dardo Scavino, «Canto del peregrino», *Las fuentes de la juventud,* Buenos Aires, Eterna Cadencia, 2015, pp. 89 y ss.

mediática de unos y otros no tiene punto de comparación. Justo después de los atentados del 13 de noviembre de 2015, mis estudiantes llegaron al aula lo suficientemente conmovidos como para que una charla sobre la cuestión sustituyera la clase. Todos recordaban los atentados de Nueva York, Madrid y Londres, aunque algunos eran muy pequeños en esos años. Pero cuando les pregunté si recordaban el atentado del 2 de abril de ese mismo año en Kenia, ninguno, ni siquiera los musulmanes, supo responderme. Ese día, sin embargo, un comando de Al-Shabbaab, un grupo somalí vinculado con Al-Qaeda, asesinó a 152 personas en la Universidad de Garissa, de las cuales 142 eran estudiantes como ellos. Si mis alumnos no habían registrado el episodio no es por indiferencia ante la suerte de los kenianos. Sucede que los medios de comunicación le reservaron un espacio exiguo a esa masacre. Mucha gente recuerda todavía hoy el atentado del 21 de diciembre de 1988 que precipitó un avión de la compañía Pan Am sobre el pueblo escocés de Lockerbie matando a 270 personas. Durante años, Londres y Washington acusaron a Muamar el Gadafi de estar detrás del incidente y de proteger a los autores, aunque la justicia británica tuvo que liberar al principal condenado después de que uno de los testigos reconoció haber mentido a cambio de 2 millones de dólares y un ingeniero suizo admitió haber puesto entre los despojos del avión el presunto retardador del explosivo. Muy pocos recuerdan, en cambio, que en julio de ese mismo año un misil disparado por el navío *USS Vincennes* destruyó un avión de Iran Air dejando un saldo de 290 muertos, entre los cuales había 66 niños. Y el olvido se comprende: la noticia no tuvo un gran eco en los medios occidentales y los Estados Unidos ni siquiera le pidieron excusas a la República de Irán por el «error» de sus militares. ¿Por qué, entonces, las víctimas musulmanas parecían importar menos que las occidentales?

Pero la pregunta de mi alumno revelaba hasta qué punto la cultura musulmana tenía muy poco que ver con su identidad musulmana. Tenía más que ver con una cultura occidental y, más precisamente, con una cultura occidental contemporánea. Y digo contemporánea porque basta con recorrer los viejos pueblos franceses para encontrar en sus plazas principales monumentos *à nos morts,* es decir, a los caídos durante la Primera o la Segunda Guerra Mundial, entre quienes pueden encontrarse a veces los heroicos miembros de la resistencia fusilados por los ocupantes nazis.[1] En uno u otro caso, «nuestros muertos» eran quienes habían caído en el «campo del honor». No eran las víctimas civiles de los bombardeos del Eje o de los Aliados, aun cuando esos muertos también fueran, en la enorme mayoría de los casos, tan franceses como los combatientes, y contaran entre los parientes de los habitantes de esos pueblos. Mis estudiantes franceses, en cambio, no les rindieron homenaje a los militares españoles caídos en Irak o Afganistán sino a las víctimas civiles de un atentado terrorista. Y sus compañeros musulmanes tampoco esperaban que honraran a los militares iraquíes o afganos caídos mientras defendían su patria contra la coalición occidental. Esos militares no formaban parte de «nuestros muertos». Las «víctimas inocentes» de los bombardeos, en cambio, sí, porque una víctima inocente no

1. Éric Desmons, «La république belliqueuse. La guerre et la constitution politique de la IIIe République», *Revue Française d'Histoire des Idées Politiques* 2002/1, núm. 15, pp. 113-133. Gérald Arboit, «À nos morts, médiatiser la mort au champ d'honneur: un enjeu mémoriel et politique», *Quaderni,* núm. 62, invierno de 2006-2007, pp. 81-92.

participa, por definición, de los combates aunque termine padeciéndolos.

Desde hace algunos años, el lugar de un atentado en un país occidental se llena de flores y velas acompañadas por las fotos de las víctimas, como si los honores rendidos en otros tiempos a los santos y los mártires se hubiesen desplazado ahora a esos muertos. Incluso el diario *Le Monde* publicó durante varios días las imágenes de las víctimas fatales de los atentados del 13 de noviembre de 2015 en París. Pero no les rindió un homenaje similar a los militares franceses caídos en Afganistán o Mali. Puede ocurrir, eventualmente, que se trate de caídos en combate, pero entonces se los desposee de su condición de combatientes, como cuando algunos pretenden contabilizar a los muertos de la Guerra Civil española sin importar en qué bando se alistaban, es decir, cuando no se los toma en cuenta como animales políticos, involucrados en un conflicto en donde se defienden ideas y principios, sino como animales sin más. Basta, en efecto, con tomar dos conjuntos divididos por un antagonismo político –nacionalistas y republicanos, por ejemplo– y elevarse hasta el conjunto que los abarca a ambos –español, en este caso– para que la dimensión política desaparezca. Basta con contarlos uno por uno como españoles para que ya no cuenten ni como republicanos ni como franquistas. El gentilicio «español», en ese caso, opera una despolitización de los muertos. Pero esto no es siempre así. Si el conflicto incumbiera, por ejemplo, a la Guerra de Cuba, entonces el gentilicio «español» politizaría a los muertos porque se opondría a «estadounidense». Habría que recurrir entonces a nombres como «occidentales» o «humanos» para despolitizarlos de nuevo y, paradójicamente, deshumanizarlos.

Algunos defensores de los derechos humanos le reprochan al Parque de la Memoria en Buenos Aires la «politización» de este memorial que no recuerda solamente a los desaparecidos o a los asesinados durante la última dictadura, sino también a los caídos en combate desde los años sesenta. Los organismos de derechos humanos no suelen tomar en cuenta esta dimensión política de los sujetos, como si esta constituyera un obstáculo para acordarles el estatuto de víctima. De ahí que los familiares de los militares muetos en los combates contra la guerrilla reclamen una «memoria completa» que incluya también a «sus muertos». Si se les rinde homenaje a los «argentinos» o a los «humanos» muertos durante ese período, ¿por qué no incluir a los unos y a los otros? El adjetivo «humanos» en la expresión «derechos humanos» puede funcionar también como un operador de despolitización de la memoria. El adjetivo «humanos» es indiferente a las diferencias políticas porque, como hubiera dicho Carl Schmitt, hay política cuando hay oposición entre amigos y enemigos, o entre nosotros y ellos, y los humanos no tienen enemigos políticos, por lo menos en este planeta. Esta posición «humanista» contrasta, desde luego, con lo que ocurre en la Franja de Gaza, donde los niños coleccionan, como si fueran estampas de los superhéroes, las fotografías de los mártires que cayeron no solamente combatiendo a las tropas de Tzahal sino también atacando a los civiles israelíes, o donde adquieren en cualquier quiosco de revistas los videos con los testamentos de esos mismos mártires. Y aquella memoria de las víctimas contrasta igualmente con los honores que las propias naciones occidentales les reservaban a sus héroes y sus mártires hasta apenas unas décadas. Todo ocurre entonces como si, en estos mismos países, la figura de la «víctima» hubiese sustituido al personaje del «caído», o como si estas ceremonias conmemorativas revelaran la naturaleza biopolítica, o más bien zoopolítica, de nuestra civilización: del *zōon politikón* de Aristóteles solo conservan el *zōon* y abandonan el *politikón*. La «víctima inocente» no significa otra cosa: se trata del ser humano desprovisto de su humanidad o reducido a ejemplar de una especie animal. Persiste incluso un vestigio de la definición aristotélica de ese «animal político» que, para el filósofo griego, incluía solamente a los varones, es decir, a los *polítei* o ciudadanos: cuando la expresión «las mujeres y los niños» sustituye a «víctimas inocentes», está excluyendo de la categoría de animales políticos a los niños (que, para los griegos, todavía no lo eran) y las mujeres (que no lo serían nunca), como si los unos y las otras no fuesen capaces de luchar en defensa de una comunidad o en favor de alguna causa.

Aunque defienda a la población de un país, el combatiente se convirtió, para esta misma población, en una figura sospechosa. En primer lugar, porque no se contenta con morir sino que mata. En segundo lugar, porque defiende algún proyecto de sociedad. Los héroes dividen la opinión pública porque detrás de estos combatientes hay siempre una causa, y la muerte por una causa no produce hoy muy buen efecto. Es más, los muertos que merecen un homenaje son sobre todo las víctimas de las causas ajenas. De las «ideologías», como se suele decir con ostensible reprobación. Y mis estudiantes musulmanes no pensaban otra cosa: el pronombre «nosotros» tampoco incluía, para ellos, a los combatientes musulmanes sino a las víctimas musulmanas inocentes, comparables con los muertos de Atocha, como si los militares iraquíes o afganos, por el solo hecho de combatir, y de combatir por una causa, cayeran fuera del perímetro de ese pronombre, exclusión que afectaba también, y sobre todo, a los yihadistas muertos durante algún atentado suicida: a mis estudiantes musulmanes no se les hubiera ocurrido recordar a esos individuos y cualquier homenaje público, además, les hubiese valido un proceso por apología del terrorismo.

«Cuando nos matan a nosotros, ellos no hacen un minuto de silencio» no significa entonces «Cuando nuestros combatientes caen» sino «Cuando nuestras víctimas mueren bajo las bombas de la coalición». Porque si hubiesen estado aludiendo a los combatientes caídos, no habrían exigido que los demás honraran su memoria: a los mártires o a los héroes los lloran los pueblos o los partidos, y a nadie se le ocurriría exigir que los lloren el resto de los humanos. Desde la *Ilíada* de Homero o la *Oración* de Pericles, los héroes son inmortales porque los pueblos no los olvidan: les dedican poemas, les erigen monumentos, los evocan como «ejemplos» cuando pronuncian un discurso. Ese recuerdo es la «gloria imperecedera» del ideal heroico. En la mayoría de los países occidentales de la actualidad, en cambio, no hay que olvidarse de las víctimas. La memoria popular es hoy, antes que nada, una memoria victimaria. Cada pueblo llora a sus víctimas y quiere que los demás las lloren igualmente. Y la paradoja consiste en que esta memoria despolitizada se convirtió en una nueva posición política: cada pueblo, cada minoría exige que se reconozca a sus muertos o que se honre a sus víctimas inocentes, y muchos miembros de ese grupo se entregan a una militancia activa y denodada para que se recuerde a las víctimas de alguna guerra o de alguna dictadura. Esta demanda de reconocimiento de las víctimas se ha vuelto particularmente apremiante para algunos musulmanes cuando establecen un contraste con la memoria de la Shoá. ¿Por qué se recuerda a las víctimas judías del nazismo y no a las víctimas musulmanas del colonialismo? La comunidad argelina de Francia, por ejemplo, conmemora las masacres de

Sétif, Guelma y Jerrata ocurridas a partir del 8 de mayo de 1945 mientras se festejaba el final de la Segunda Guerra Mundial. Ese día, un policía mató a un joven manifestante por el mero hecho de enarbolar durante los festejos una bandera de la Argelia independiente. Este asesinato provocó una serie de motines que fueron ahogados en sangre por las autoridades coloniales. El informe de la época habla de 1.165 muertos, pero algunos historiadores estiman que se eleva a más de 30.000. El debate en torno a estas masacres, que todavía enciende pasiones en Argelia y Francia, despertó también el interés por las matanzas de poblaciones bereberes y cabileñas durante las primeras décadas de la conquista de ese país. Y algunos historiadores estiman que estas matanzas se elevan a varios cientos de miles de individuos. Pero el hecho de que estos genocidios no ocupen un lugar semejante a la Shoá en la prensa o los programas de la enseñanza pública francesa se convirtió en una frecuente causa de descontento de algunas organizaciones musulmanas. Un controvertido humorista francés de origen camerunés, Dieudonné M'Bala, llevó esta indignación por el no reconocimiento de los genocidios cometidos por el colonialismo francés en África hasta un furioso antisemitismo y una negación del genocidio judío, que desplazó sus posicionamientos políticos desde la izquierda antirracista hacia la extrema derecha antisemita, como si la culpa de estas lagunas de la narrativa memorial europea residiera en el «lobby sionista» (y como si a Jean-Marie Le Pen y su familia les importaran más las matanzas de africanos durante la época colonial que las de judíos durante la ocupación...).

El sociólogo iraní Farhad Khosrokhavar contaba que durante sus conversaciones con los islamistas presos en Francia les preguntaba cómo justificaban la muerte de tres mil personas inocentes durante los atentados contra las Torres Gemelas, y la respuesta unánime era: «¿Cómo puede justificarse la muerte de cientos de miles de niños y de ancianos iraquíes, esa población civil muerta tras la prohibición estadounidense de venta de petróleo por parte de Irak y la penuria alimentaria que la acompañó?» Al conjunto de muertos inocentes de un lado, cuenta Khosrokhavar, se les oponían los muertos centuplicados del otro: «Ellos no lloraron a nuestros muertos», le decía un detenido, «nosotros no vamos a llorar a los suyos.»[1] Y esta contienda de las cifras puede llegar incluso al extremo de justificar la prosecución de una guerra, como si se tratara de reequilibrar los sufrimientos.

La paradoja de la narración memorial ya estaba inscripta desde un inicio en esa demanda de reconocimiento: cada pueblo le reclama a la humanidad en su conjunto que recuerde a «sus muertos» porque son «seres humanos» y, como consecuencia, muertos de todos, pero no aceptan que a esos muertos de todos se los prive de su identidad étnica o religiosa particular para contabilizarlos, sin más, como humanos genéricos. Como ocurre con el relato memorial de las masacres cometidas en Argelia durante los primeros años de la colonia francesa, hasta los bereberes o los cabileños que cayeron defendiendo sus tierras y a sus hermanos, son contabilizados como víctimas de un genocidio en el mismo plano que los niños muertos como consecuencia de las enfermedades y hambrunas. En lugar de los grandes héroes en sus caballos, en lugar de los homenajes a los caídos, en lugar de los honores a quienes combatieron en favor de una revolución o en defensa de alguna comunidad o algún régimen –a quienes hicieron algo,

1. Farhad Khosrokhavar, *op. cit.*, p. 51.

en fin, durante algún conflicto–, se colocan hoy los memoriales a las víctimas o a quienes padecieron algo durante algún enfrentamiento. Es un recuerdo, también, y un recuerdo doloroso, pero un recuerdo sin gloria.

Quedaba sin embargo una última incógnita en la respuesta de mi estudiante, y era el lugar que me reservaba a mí. Porque estaba claro que yo no estaba comprendido dentro del perímetro de su pronombre «nosotros», como ocurre a veces cuando alguien incluye al interlocutor al pronunciarlo. No, él estaba excluyéndome de ese pronombre y, como consecuencia, de la *umma islamiyya,* lo que era perfectamente comprensible. Pero tampoco estaba incluyéndome en el pronombre «ellos». Porque si hubiese pensado que yo entraba en la misma categoría que sus compañeros europeos, no se habría dirigido a mí diciendo «ellos» sino «vosotros» o «ustedes»: «Cuando nos matan a nosotros, vosotros no hacéis un minuto de silencio.» Pero no dijo «vosotros» sino «ellos», de modo que no estaba contándome como un europeo más y ni siquiera como un occidental. No importaba que yo tuviera un apellido italiano, ni que hablara en español, ni que proviniera de un país culturalmente católico. Por mi condición de latinoamericano yo ocupaba, para él, una posición distinta: no formaba parte de ninguno de los grupos que, en ese preciso momento, aparecían en conflicto, de modo que, a su manera, él también había comprendido que las identidades no dependen de la cultura, la religión o la lengua. Que dependen de una coyuntura política. Esta coyuntura es una distribución de posiciones en un conflicto y pertenece a la temporalidad histórica, de manera que resulta alterable aunque muchos pretendan atribuirle a estos conflictos una suerte de perennidad. En ese momento las categorías musulmán y occidental aparecían en antagonismo, lo que significaba que, implícitamente, un musulmán quedaba excluido de la categoría «occidental» aunque tuviera la nacionalidad de algunos de esos países, aunque esos Estados no tomaran en cuenta la religión de sus ciudadanos y aunque compartiera la misma concepción zoopolítica de la vida y de la muerte de los occidentales de hoy. No importa que esos jóvenes se vistieran como sus compañeros, hablaran y vivieran como ellos, que ignorasen el árabe y solo tuvieran una relación con la religión que se limitara a algunas prohibiciones. Bastaba con que tuvieran un apellido árabe o magrebí o una piel más aceitunada. Esos detalles, de repente, asumieron una importancia crucial, y ahí estaban: unos eran musulmanes, los otros no. El conflicto armado –el conflicto político armado– acababa de trazar una frontera que involucraba a los musulmanes de todo el mundo, sin importar si practicaban la religión o si estaban de acuerdo, o no, con los enemigos de la coalición occidental. La respuesta de mi estudiante reclamaba, por consiguiente, aquella misma actitud imposible: él estaba sugiriendo que sus muertos eran tan humanos como los españoles, o que la categoría «humanos» no tomaba en cuenta el antagonismo político entre musulmanes y occidentales; solo que él mismo reintroducía ese antagonismo, y politizaba a «sus muertos», desde el momento en que trazaba una oposición entre «nosotros» y «ellos», y no podía dejar de hacerlo porque la propia coyuntura política había creado ese antagonismo sin que ni él, ni sus compañeros ni yo mismo pudiéramos modificarlo.

Ese mismo estudiante hubiese podido proferir en otro momento una frase parecida, y hasta exactamente igual, pero esta habría tenido una significación diferente. El pronombre «nosotros» hubiese podido aludir, durante la ocupación alemana, a los estudiantes resistentes y el pronombre «ellos» a los colaboradores, y en ese caso no habría tenido importancia que entre los primeros hubiera habido apellidos cristianos o magrebíes. En Saint-Étienne-de-Rouvray hubiese importado poco, durante los años sesenta o setenta, que algunos trabajadores fueran cristianos y otros musulmanes porque unos y otros habrían formado parte de la misma clase en conflicto contra la burguesía: «contra ellos, que nos explotan». El pronombre «nosotros» habría podido aludir igualmente a los estudiantes *gays*, y «ellos», a los conservadores religiosos, y en un caso así las diferencias nacionales, étnicas o económicas habrían resultado igualmente secundarias. Pero cualquier diferencia, de orden económico, social, sexual, religioso, cultural, lingüístico o generacional puede convertirse, llegado el caso, en una diferencia antagónica o política. Y como formamos parte de muchos conjuntos, o podemos emplear el pronombre «nosotros» para referirnos a muchas identidades, tenemos numerosos muertos a quienes rendir homenaje y nunca sabremos en qué conflicto político podemos quedar involucrados. Todo comienza entonces con alguna desigualdad –real o imaginaria– entre «nosotros» y «ellos»: «Cuando nos matan a nosotros, ellos no hacen un minuto de silencio.» Y este antagonismo entre amigos y enemigos puede ir agravándose hasta la guerra abierta, pasando de «Ellos no lloran a nuestros muertos, nosotros no vamos a llorar a los suyos», hasta llegar al terrible: «Ellos nos matan a nosotros; nosotros los matamos a ellos.»

MUYAHIDINES EN LA CASA BLANCA

Los luchadores de la libertad

El 24 de noviembre de 1989 el imán Abdullah Yusuf Azzam perdió la vida junto a sus dos hijos mayores cuando una bomba desintegró el vehículo que conducía por las calles de Peshawar. Miembro de los Hermanos Musulmanes y de los fedayines palestinos, discípulo de Said Qutb y doctor en teología de la universidad egipcia de Al-Azar, Azzam era el principal predicador de la yihad en Afganistán y uno de los más prestigiosos caudillos de los muyahidines llegados del mundo entero para combatir a los comunistas. Hay muchas versiones acerca de quiénes podrían haber estado detrás del atentado. Algunos se inclinan por los servicios secretos pakistaníes; otros, por el Mosad; hay quienes sugieren incluso que el religioso palestino habría sido víctima de un turbio ajuste de cuentas entre los jeques que se disputaban la conducción de las milicias musulmanas. Lo cierto es que sus ejecutores le dejaron tiempo suficiente para saborear su victoria: tanto la retirada de las tropas rusas de Afganistán en febrero de ese año como la caída del Muro de Berlín a principios de noviembre ha-

79

bían sido las consecuencias de la derrota infligida al Ejército Rojo por sus bravos muyahidines, armados con los fusiles Enfield y los lanzamisiles Stinger que les proporcionó Estados Unidos.

Desde los inicios de la invasión soviética en 1979, el consejero del presidente Jimmy Carter para la seguridad nacional, Zbigniew Brzezinski, había puesto en marcha la operación denominada *Cyclone* con el objetivo de asistir a los yihadistas en Afganistán. Brzezinski se desplazó incluso hasta la región para entrevistarse con los milicianos y los exhortó a tener «confianza en Dios»: «Nosotros confiamos en vuestro éxito», los arengó en un discurso difundido por televisión, porque «esta tierra es vuestra» y «la recuperaréis algún día gracias a vuestra fe y vuestra lucha». Y predijo, para concluir, que regresarían a sus hogares y mezquitas «porque vuestra causa es justa y Dios está de vuestro lado».[1] Estas imágenes, no obstante, disimulaban una realidad que Brzezinski revelaría en una entrevista de 1998, y es que la CIA había llegado a Afganistán antes que las tropas rusas. El 3 de julio de 1979 Carter había firmado una directiva secreta para armar a los opositores al régimen prosoviético de Nur Muhammad Taraki, secretario general del Partido Democrático Popular de Afganistán, que había promulgado el ateísmo de Estado, ampliado los derechos de las mujeres, impulsado la reforma agraria y reprimido las asonadas de los grupos islamistas.

En 1978 los militares prosoviéticos habían perpetrado un golpe de Estado contra el gobierno del general Daud, aliado de Estados Unidos y del sah de Irán. Pero el nuevo régimen comunista se dividió rápidamente entre los partidarios de una alianza con China (Jalq) y los adeptos de la

1. https://www.youtube.com/watch?v=A9RCFZnWGE0

Unión Soviética (Parcham), entre quienes se encontraba Taraki. En septiembre de 1979 los miembros de Jalq derrocaron y asesinaron a Taraki y emprendieron una campaña de eliminación de los opositores al estilo de Pol Pot, que incluyó la masacre de docentes de la Universidad de Kabul. De modo que en diciembre de ese año, el ejército ruso ingresaba en Afganistán a pedido de sus aliados de Parcham para derrocar al presidente Amin y remplazarlo por Babrak Karmal.[1]

Cuando Brzezinski y los suyos denunciaron la invasión soviética en nombre de una defensa del gobierno «legal» de Amin, estaban defendiendo sencillamente una dictadura polpotiana por el solo hecho de que esta se oponía a la Unión Soviética. El propio Brzezinski, de hecho, sostenía en ese mismo momento una posición semejante en relación con Camboya, a tal punto que Estados Unidos siguió defendiendo el régimen de los Jemeres Rojos después de la invasión de Vietnam del Norte para salvar a los camboyanos de la política genocida de Pol Pot, defensa que le permitió a este régimen conservar una plaza en la asamblea de la ONU hasta muchos años después de su caída. Brzezinski, por otra parte, estaba perpetuando una política favorable a los grupos islamistas enfrentados con los movimientos de liberación del Tercer Mundo mayoritariamente laicos. Esta política había sido iniciada por Henry Kissinger durante los años sesenta. Estados Unidos le había procurado armas, por ejemplo, al partido Renacimiento de los Ulemas de Indonesia, responsable de la descomunal masacre de comunistas en 1965 y, junto con el general Suharto, del golpe de Estado contra el presidente Sukarno. Diez

---

1. http://canempechepasnicolas.over-blog.com/2015/12/les-moudjahidine-de-la-cia-par-olivier-roy.html

años antes, Sukarno había cometido el pecado de organizar en Bandung la conferencia fundadora del Movimiento de Países No Alineados, junto a figuras como el egipcio Gamal Nasser y Jawaharlal Nehru. Estos dirigentes pretendían modernizar sus países y desarrollar su economía sacándola de la relación de dependencia neocolonial a la cual los condenaba la exportación de energía y materias primas. El Movimiento de No Alineados se reuniría una segunda vez en Belgrado, en septiembre de 1961, bajo el auspicio del mariscal Tito, y en una tercera ocasión en La Habana, a principios de 1966, a pesar de la misteriosa desaparición en París del principal impulsor de esta conferencia: el socialista marroquí Mehdi Ben Barka. En respuesta a estas iniciativas, Kissinger se reuniría con los representantes de los Hermanos Musulmanes, la principal organización opositora al régimen de Gamal Nasser, mientras sostenía, en Indonesia, el golpe del general Suharto. El propio gobierno de Carter apoyaría en 1977 la revolución islámica de Pakistán liderada por el general Zia-ul-Haq, a pesar de que este militar aplicó en su país la sharia islámica y sustituyó el socialismo de Ali Bhutto por el «igualitarismo del Profeta». Gracias a los petrodólares de las monarquías wahabitas del Golfo Pérsico, Zia había inaugurado en Islamabad la Universidad Islámica Internacional, en donde enseñaría Azzam, así como las escuelas coránicas denominadas madrasas por donde pasaron cientos de miles de niños pobres del país. En esos establecimientos se formarían muchos de los talibanes que, tras la retirada de las tropas rusas, fundarían el Emirato Islámico de Afganistán, donde el consumo de alcohol se castigaba con latigazos, pero cuya principal fuente de ingresos era el tráfico de opio. En aquella entrevista de 1998 Brzezinski seguía mostrándose convencido de que había valido la pena armar a ese grupo de «exaltados» a cambio de liberar a Europa del Este de la opresión comunista. Desde hacía más de dos años, sin embargo, esos «exaltados» venían organizando en un estadio de Kabul los espectáculos de azotes, lapidaciones, degüellos y otras denigraciones de la condición humana que conmovieron al mundo y que los propios norteamericanos y sus aliados europeos denunciarían tres años después, cuando los talibanes decidieron destruir los Budas de Bamiyán y dar refugio a los presuntos autores ideológicos de los atentados del 11 de Septiembre.

Considerando que «los combatientes de la libertad [*freedom fighters*] en Afganistán defendían los principios de independencia y libertad que constituían la condición esencial de la seguridad internacional», Ronald Reagan había proseguido en 1981 la política de Jimmy Carter y hasta llegó a recibir a una delegación de muyahidines en el Salón Oval de la Casa Blanca. Además de combatir a los comunistas, estos milicianos sunitas arrastraban aquella hostilidad tenaz y milenaria hacia sus vecinos chiitas, de modo que contrapesaban la influencia en el mundo musulmán de los ayatolás iraníes, responsables de la destitución de un aliado leal de Estados Unidos, el sah Reza Pahlavi, y de la detención de 52 empleados de la embajada de Teherán acusados de espionaje. Se entiende entonces por qué Azzam pudo viajar regularmente a Estados Unidos entre 1985 y 1989 para reclutar voluntarios, recaudar fondos destinados a financiar la yihad y dictar conferencias universitarias en 26 estados de la Unión. Y hasta tal punto es así que en un artículo dirigido «a los jóvenes musulmanes de los Estados Unidos» y publicado en la revista *Al-Yihad* de febrero de 1988, Azzam enumera algunas de las ciudades que recorrió durante sus giras y anota incluso una dirección en Nueva York para que los interesados envíen sus donaciones de dinero.[1] Los invita allí a no caer en el «pútrido pantano del sexo» y a participar de la yihad, y les recuerda que Dios recompensa a quienes hayan elegido sinceramente el martirio. «¡Tantas cosas me gustaron en Estados Unidos!», añade:

> El congreso de la Liga de los jóvenes musulmanes árabes forma parte de los más grandes congresos islámicos mundiales entre los musulmanes instruidos, aunque sus organizadores sean estudiantes con ingresos modestos, con medios y posibilidades limitadas y con una experiencia reciente en la acción islámica. Sin embargo, su organización, su seguridad y su notoria coordinación no dejaron indiferentes a los musulmanes a quienes Dios les confirió la gracia de cooperar con esta liga. Estos centros son frescos oasis en el corazón del exilio y jardines magníficos en el seno de las cavernas de la ignorancia, botes de salvación en medio del océano desenfrenado de la perdición.[2]

Gracias al sostén de Washington, la oficina de alistamiento de muyahidines creada por el imán palestino en Peshawar había abierto filiales en Egipto, Arabia Saudita y Estados Unidos, recolectando unos 200 millones de dólares y gestionando el desplazamiento de unos 10.000 com-

---

1. «Abrí entonces una cuenta en el Independence Saving Bank de Brooklyn, cuyo número es 644417610. Quienquiera que desee enviar un cheque o efectuar un giro a esta cuenta personal, debe hacerlo a la siguiente dirección: Bureau of Service 552, Atlantic Avenue, Brooklyn, NY 11217, escribiendo al dorso del cheque: "Abdallah Y. Azzam"», Abdallah Azzam, «Aux jeunes musulmans des Etats Unis», en Gilles Kapel, *Al-Qaida dans le texte,* París, PUF, 2008, p. 207.
2. Abdallah Azzam, «La base solide», en Gilles Kepel, *Al-Qaida dans le texte,* ed. cit., p. 205.

batientes saudíes, yemenitas, argelinos, egipcios, tunecinos, iraquíes y libios hacia un centro de entrenamiento situado en la provincia afgana de Paktiya, limítrofe con Pakistán. Los milicianos solían llamar a este *muaskar* «La Madriguera de los Compañeros» o, sencillamente, «La Base»,[1] y entre los muchos combatientes que la frecuentaron se encontraba un ingeniero egresado de una universidad de Carolina del Norte, Jálid Sheij Mohammed, a quien la Comisión del 11 de Septiembre designaría más tarde como el principal «arquitecto» del atentado a las *Twin Towers*.

La alianza con los infieles

Puede comprobarse así hasta qué punto la idea de una suerte de eterno combate entre Oriente y Occidente, de un «choque de civilizaciones» o de una inexorable guerra de religiones o culturas, puede resultar engañosa. Azzam podía multiplicar los anatemas contra la corrupción occidental, pero no alentaba a los jóvenes musulmanes a emprender la yihad contra estos regímenes impíos, y hasta se aliaba con ellos para combatir a los comunistas y los tercermundistas. Los teólogos islámicos suelen establecer una diferencia entre tres dominios diferentes: *Dar al-Islam* son las tierras de los creyentes en donde rige la sharia; *Dar al-Harb*, el territorio en donde se libra una guerra contra los impíos; *Dar al-Suhl*, la tierra del pacto y de la alianza con los pueblos que, aunque no sean musulmanes, tampoco son sus enemigos y con los que puede concretarse una alianza. Estados Unidos y Europa formaban parte, por aquel entonces, de este último dominio, y mientras Azzam estuvo vivo, eso siguió siendo así.

1. Jacques Baud, *op. cit.,* p. 82.

Otros grupos islamistas se aliaron con potencias occidentales cuando se trató de combatir a los comunistas o a los movimientos de liberación laicos del Tercer Mundo. Esos grupos no tuvieron ningún prurito en colaborar con los infieles norteamericanos, sobre todo porque estos los retribuían, no solamente con armas sino también presentándolos ante la opinión internacional como minorías religiosas perseguidas por comunistas y nacionalistas (lo que no dejaba de ser cierto, en cierto punto, si se considera que esos regímenes hacían lo que harían algunos años más tarde los propios occidentales). Uno de los principales aliados de los Estados Unidos, y de algunos países europeos, sigue siendo incluso Arabia Saudita, una monarquía inspirada en la misma doctrina fundamentalista –el wahabismo– que defiende hoy el Estado Islámico: solamente en 2015 el régimen de Riad ejecutó dos veces más condenados que la siniestra «organización terrorista» instalada en Irak y Siria. Esta alianza explica por qué los únicos aviones que sobrevolaron Estados Unidos inmediatamente después de los atentados del 11 de Septiembre transportaban a integrantes de las familias saudíes, pero también por qué Bush mandó censurar las páginas del informe de la *9/11 Commission* en donde aparecían los vínculos de los terroristas con los dignatarios de esas monarquías. Barack Obama prometió a continuación levantar esa censura, pero finalmente prefirió dejarla intacta. En 2009 su propia secretaria de Estado, Hillary Clinton, aseguró en un mensaje revelado a continuación por WikiLeaks que las principales fuentes de financiamiento de los grupos terroristas se encontraban en Arabia Saudita.[1] Aunque se

1. Patrick Cockburn, *The Jihadis Return. ISIS and the New Sunni Uprising,* Nueva York, OR Books, 2014, p. 58. [Trad. esp.: *ISIS. El retorno de la yihad,* Barcelona, Ariel, 2015.]

inspirase en la misma doctrina wahabita que los combatientes del Estado Islámico, el régimen pakistaní tampoco
encontró en el Corán un obstáculo para aliarse con los
norteamericanos desde los primeros días del golpe de Estado del general Zia-ul-Haq hasta hoy, aun cuando sus servicios de inteligencia siguieran apoyando a los talibanes
afganos. Hasta tal punto la complicidad entre los fundamentalistas y los norteamericanos era de público conoci-
miento en el mundo árabe antes de la desaparición de la
URSS, que el propio Azzam perdió su puesto en la Universidad de Jordania después de haber amenazado en 1980 al
director del periódico *Al-Ray* por haberse atrevido a publicar una caricatura de un grupo de islamistas armados con
M-16 y rubricado con la leyenda: «Espías norteamericanos». El apoyo de Estados Unidos a los islamistas tuvo dos
notorias excepciones antes de la aparición de Al-Qaeda: los
ayatolás chiitas de Irán, por un lado, culpables de haber
derrocado a un amigo de Washington, el sah de Persia, y el
Frente Nacional Islámico en Sudán, por el otro, acusado
de perseguir a las minorías católica y protestante, cose-
chando la reprobación de las respectivas iglesias y, como
consecuencia, la hostilidad occidental. Por regla general,
los enemigos de Estados Unidos fueron las dictaduras nacionalistas laicas como las del egipcio Gamal Nasser, el iraquí Sadam Husein, el libio Muamar el Gadafi, el tunecino
Ben Ali y el sirio Bashar al-Asad. De hecho, Estados Unidos y sus aliados de la OTAN siguieron apoyando a los yihadistas libios, a pesar de las advertencias de los expertos,
durante el derrocamiento de Gadafi en 2011, alegando
que esos combatientes no pertenecían a Al-Qaeda. Y no
tardaron en lamentar ese apoyo cuando el embajador norteamericano, Chris Stevens, fue asesinado en Bengasi en
septiembre de 2012 por esos mismos yihadistas que los

medios occidentales seguían considerando *freedom fighters*. Esta situación se reprodujo dos años después cuando los occidentales apoyaron en Siria a algunos grupos yihadistas por el mero hecho de que se oponían al régimen de Bashar Al-Asad.

En *El choque de civilizaciones,* Samuel Huntington presenta este proceso de manera diferente. El politólogo norteamericano considera que los regímenes nacionalistas laicos poscoloniales habían sido una consecuencia de la influencia cultural, o civilizatoria, de las metrópolis occidentales durante la colonización, y que la irrupción del islamismo radical a principios de los noventa sería una suerte de retorno de lo reprimido: la religión de Mahoma, hostil a la democracia y los derechos del hombre, habría reaparecido cuando los occidentales, liderados esta vez por los Estados Unidos, iniciaron un nuevo ciclo de intervenciones en la región. Socialismo, nacionalismo y democracia no habrían sido, para Huntington, sino injertos ajenos a la tradición cultural de esas civilizaciones y por eso, por una suerte de incompatibilidad genética, no terminaron nunca de prender. Esto explicaría por qué el choque entre aquellos dos grandes sistemas político-económicos que fueron el comunismo soviético y el capitalismo euroamericano fue sustituido por el choque de civilizaciones, es decir, de identidades religiosas y culturales. Suponiendo entonces que Huntington tuviera razón, quedaría por saber por qué Kissinger, Carter o Reagan apoyaron a los grupos islamistas contra los regímenes «occidentalizados», como si hubiesen querido que esas identidades religiosas volvieran a tomar el poder. Y habría que preguntarse también si esos presuntos retornos de las identidades religiosas y culturales reprimidas no serían una ilusión retrospectiva de movimientos que, por motivos políticos coyunturales, recurren a los sacrosantos textos del pasado para convalidar sus posiciones políticas.

Crónica de una ruptura anunciada

1989 constituye un año clave para la internacionalización del yihadismo. Además de la caída del Muro y de la represión en la plaza de Tiananmén –dos acontecimientos que anunciaban el ocaso del comunismo–, nacía, en Argelia, el muy popular Frente Islamista de Salud, mientras que el ayatolá Jomeini promulgaba en Irán la *fatwa* que ordenaba a los creyentes asesinar a Salman Rushdie. Su novela *Los versos satánicos* había aparecido un año antes y había sido inmediatamente condenada en la India, su país natal. Pero cuando los países occidentales se negaron a prohibir esta obra blasfematoria, estalló una ola de protestas en los países de la umma, durante las cuales se quemaron libros, se atacaron embajadas y se enarbolaron amenazas contra los impíos de Occidente. Este episodio constituyó el último intento por parte de los ayatolás iraníes de imponer una hegemonía chiita en el movimiento islámico mundial. Hasta ese momento, no eran los muyahidines sunitas sino los revolucionarios iraníes quienes representaban la oposición más tenaz al Satán norteamericano, mientras que los sunitas no disimulaban sus alianzas bélicas con los cruzados. Tras la muerte de Ruhollah Jomeini, en junio de ese mismo año, los sunitas intentarían arrebatarles esa iniciativa a los chiitas. Pero el propio Azzam representaba, para esta empresa, un obstáculo, dado que el influyente «imán de la yihad» no estaba de acuerdo con enfrentarse a sus preciosos aliados y prefería concentrarse en los «enemigos cercanos»: los regímenes tercermundistas laicos apoyados por Moscú y el resto de los «faraones» impíos. Una vez derrotados los soviéticos, Azzam tenía planeado proseguir la yihad en Cachemira, contra los hindúes, y conservar la confianza de las autoridades norteamericanas que le procuraban armas, le permitían circular con toda libertad por el territorio de la Unión para recaudar fondos, reclutar combatientes y hasta dictar conferencias. Su muerte, ocurrida apenas unos meses después del fallecimiento de Jomeini, favorecía en cambio las posiciones de Ayman al-Zawahiri y de quienes pretendían desplazar la yihad a una lucha globalizada contra los cruzados de Occidente. Y por eso muchos siguen sospechando que el médico egipcio podría haber estado implicado en el atentado contra Azzam.

Pero este desplazamiento del lugar del islam puede observarse también en el interior de un país, Francia, con la comunidad musulmana más numerosa de Europa. La cronología de esta ruptura se inicia con un incidente anodino. En septiembre de 1989 tres alumnas fueron suspendidas por la directora de un colegio situado a unos kilómetros al norte de París porque se negaron a quitarse el chador en el interior del establecimiento. Después de una intensa polémica en los medios de comunicación, y de la decisión de reintegrar a las alumnas tomada por el ministro de Educación de Mitterrand, Lionel Jospin, el Consejo de Estado recordó en noviembre de ese mismo año que el uso del chador no era incompatible con el estatuto laico de la escuela republicana. La ley de 1905 exige la laicidad a las instituciones oficiales, en el riguroso respeto de la separación de la Iglesia y el Estado, así como la igualdad de tratamiento de los ciudadanos sin importar su filiación religiosa. El incidente hubiese podido pasar en otro momento desapercibido y limitarse a una decisión desafortunada, y de dudosa inspiración, de la directora del colegio, si no fuera porque la polémica empezó a amplificarse y una parte de la sociedad se dijo que la laicidad no concernía solamente a las instituciones estatales sino también a las personas que ingresaban en algún establecimiento público y que no debían portar signos reveladores de su identidad religiosa. Un papel clave para la amplificación de esta polémica lo interpretaron algunas feministas, que consideraron este velo un signo de sometimiento de la mujer y exigieron a los poderes públicos una intervención con vistas a «liberarlas» (a pesar de que estas jóvenes solían llevar esas prendas oponiéndose a sus padres y esgrimiendo, desde su perspectiva, un argumento feminista: los occidentales convierten el cuerpo de la mujer en una mercancía). El debate en torno al uso del velo islámico asumió tales proporciones que el ministro de Educación del gobierno de centroderecha de Édouard Balladur, François Bayrou, publicó en 1994 una circular que introducía una distinción entre símbolos religiosos «discretos» y «ostensibles», circular que habilitaba a los directores de los establecimientos escolares a excluir a las jóvenes que portaran el chador. Después de otros nueve años de debates acerca de qué sería un símbolo religioso discreto u ostensible, el Parlamento, bajo la presidencia de Jacques Chirac, decidió cortar por lo sano y promulgar una nueva ley que prohibía el uso de cualquier símbolo religioso en el interior de los establecimientos públicos, sin importar su grado de discreción. Solo los espacios universitarios quedarían exceptuados de esta obligación, lo que explica por qué no es raro ver a jóvenes cubiertas con prendas islámicas en estos centros de estudio. En octubre de 2010, y durante el gobierno del conservador Nicolas Sarkozy, el Parlamento proclamó una nueva ley que proscribía la disimulación del rostro en cualquier espacio público y cuyo objetivo declarado era erradicar el burka o el nicab, llamados velos integrales, usados por algunas mujeres musulmanas. Vividas como ataques a la comunidad musulmana, estas interdicciones serían invocadas por algunos yihadistas a la hora de perpetrar atentados en el Hexágono, como ocurrió con los asesinatos cometidos por Mohammed Merah dos semanas antes de las elecciones de 2012. Después del atentado de Niza, durante las conmemoraciones del 14 de Julio de 2016, el alcalde de esa ciudad emitió un edicto municipal que prohibía el uso en las playas de otra prenda islámica, la burkini, que cubre completamente el cuerpo de las bañistas, interdicción que estaba asociando implícitamente a los terroristas con las portadoras de esos atuendos. Una disposición de marzo de 2017 dejó incluso en manos del empleador la interdicción del velo islámico en el interior de las empresas privadas.

A partir de 1989, tanto la derecha como la extrema derecha francesas se apropiaron de ese viejo principio de la izquierda, la laicidad, y la convirtieron en un arma de persecución legal de la minoría musulmana. Y por eso una parte de la izquierda no cesa de denunciar la islamofobia implícita de estas medidas. Unos y otros olvidan, aun así, que durante la gran ola de huelgas convocadas entre 1975 y 1978, o antes del gran giro geopolítico de 1989, el gobierno del conservador Valéry Giscard d'Estaing había alentado la apertura de salas de oración en los hogares de acogida de inmigrantes y hasta en las empresas privadas por considerar que los religiosos musulmanes constituían un freno eficaz al avance del izquierdismo entre los trabajadores. Y olvidan también que muchos izquierdistas se enfrentaban en aquellos años a los imanes conservadores porque, para ellos, criticar el islam, o cualquier otra religión, no significaba pecar de islamofobia sino denunciar un poder sacerdotal y un opio popular que apartaba a algunos trabajadores, efectivamente, del camino de la revolución. Una publicación como *Charlie Hebdo,* de hecho, es un producto típico de este período que se inició en Mayo del 68 y concluyó, a grandes rasgos, con la elección de François Mitterrand a la presidencia: la insolencia blasfematoria y procaz de esta revista contra todas las religiones y todo lo que pudiera parecerse a un baluarte de la sociedad burguesa y pacata era por esos años constante, y a ninguno de sus dibujantes se le hubiese ocurrido pensar en ese entonces que estuvieran llevando a cabo un acto de islamofobia, como no se le ocurría tampoco, en ese contexto, pensar que estaban cayendo en la cristianofobia o en la judeofobia cuando se mofaban de los curas y los rabinos. De modo que nos encontramos con extraños desplazamientos en el propio campo político francés a partir de esta cuestión: las feministas, por ejemplo, vinculadas con la izquierda, empezaron a plegarse en algunos casos a la nueva laicidad de la derecha, y una feminista «histórica» como Élisabeth Badinter llegó a sostener que el Frente Nacional era el único partido que defendía la laicidad en Francia. El proceso de «comunitarización» y de «confesionalización» de la sociedad francesa coincide con este desplazamiento del lugar del islam en el mundo, o con la reconfiguración de las alianzas y los antagonismos a partir de 1989.

De hecho, la izquierda francesa se dividirá por lo menos en tres ocasiones a propósito de la comunidad musulmana a partir de 2001. El 2 de noviembre de 2004 un joven holandés de origen marroquí asesinó al director de cine Theo Van Gogh en una calle de Ámsterdam. Van Gogh acababa de filmar un cortometraje titulado *Sumisión* (traducción literal del vocablo árabe *islam)* en el cual denunciaba la misoginia de esta religión y, para empezar, del mismísimo Mahoma, recordando, entre otras cosas, que el Profeta se había casado con una niña de nueve años, Aisha. Aunque las afinidades de Van Gogh con la extrema derecha del igualmente asesinado Pim Fortuyn no eran un secreto para nadie, muchas feministas apoyaron esa denuncia por considerar que, efectivamente, el islam era una religión que alentaba el sometimiento de las mujeres. Como respuesta a este asesinato, el periódico satírico danés *Jyllands-Posten* organizó un concurso de caricaturas de Mahoma cuyo resultado publicó en septiembre de 2005, provocando una furibunda ola de protestas y de ataques contra objetivos occidentales en el mundo musulmán. Intentando repetir la jugada de Jomeini cuando condenó *Los versos satánicos,* el flamante presidente iraní Mahmud Ahmadineyad trató de capitalizar ese descontento y organizó un concurso de caricaturas sobre la Shoá, alegando que, para los occidentales, estos acontecimientos tenían el mismo carácter sagrado que el Profeta en el islam. Unos meses más tarde, en febrero de 2006, el semanario francés *Charlie Hebdo* decidió solidarizarse con sus colegas daneses publicando las mismas caricaturas que habían provocado la ira de la umma. Después de un proceso judicial del que salieron exonerados y de una bomba molotov que destrozó la redacción, once dibujantes y redactores de *Charlie Hebdo* terminaron siendo asesinados por los hermanos Kouachi el 7 de enero de 2015 en venganza por las caricaturas publicadas nueve años antes. El repudio de este atentado fue mayoritario en toda Francia. Pero la izquierda quedó dividida entre quienes defendieron el derecho a la libertad de expresión, y sobre todo al sacrilegio, y quienes vieron en las caricaturas de *Jyllands-Posten* y *Charlie Hebdo* una provocación innecesaria contra una comunidad suficientemente hostigada por la extrema derecha durante los últimos años y sobre todo después de los atentados del 11 de Septiembre. El vocablo *islamofobia* asumió a partir de entonces una ambigüedad difícil de eludir: por un lado, se trataba de la fobia a la religión musulmana; por el otro, de la fobia a los propios musulmanes. Una parte de la izquierda estimó que los ataques contra el islam disimulaban mal un racismo contra los musulmanes; otros, entre los que se encontraban la mayoría de los redactores y dibujantes de *Charlie Hebdo,* trataron de diferenciar ambas cosas. Este semanario, de hecho, nunca dejó de denunciar los ataques contra los musulmanes por parte de la extrema derecha y hasta los bombardeos franceses sobre países como Mali.

Pero el 27 de octubre de 2005 la izquierda francesa ya se había encontrado con un dilema semejante. Ese día dos jóvenes de los barrios populares de la periferia de París –de origen malí y tunecino– murieron electrocutados después de haberse escondido en un transformador de la empresa estatal de electricidad mientras se escapaban de los policías que los perseguían por un delito que –se supo después– no cometieron. Estas muertes desencadenaron una serie de motines en los suburbios de la capital que se extendieron en pocos días a los arrabales de las principales ciudades de Francia afectados por la desocupación y la indigencia. A diferencia de lo que había ocurrido en otras ocasiones, el por entonces ministro del Interior de Jacques Chirac, Nicolas Sarkozy, atribuyó a esta revuelta popular un origen étnico-religioso, en sintonía con el discurso de la extrema derecha. En medio de esta situación, la policía, accidentalmente o no, arrojó gases lacrimógenos en el interior de una mezquita donde se habían refugiado una buena cantidad de musulmanes para huir de los enfrentamientos. Los incidentes, que duraron hasta el 18 de diciembre de ese año, perdieron así su significación proletaria y asumieron la significación religiosa: una rebelión de los musulmanes contra la República Francesa. Unos días después, *Charlie Hebdo,* un semanario leído, casi exclusivamente, en los círculos de izquierda, publicaba las caricaturas de *Jyllands-Posten*...

Todo sobre Bin Laden

Todos aquellos acontecimientos se inscriben en el gran giro producido a nivel internacional por los atentados del 11 de Septiembre. Pero esta situación ya venía preparándose desde finales de los ochenta cuando las tropas soviéticas se retiraron de Afganistán, Azzam quedó fuera de combate y la oficina de reclutamiento de Peshawar terminó cerrando sus puertas. A partir de 1990, un millonario saudí, discípulo y colaborador del jeque palestino, financió el desplazamiento de los muyahidines desde «La Base de Paktiya» hacia los nuevos frentes de guerra contra los rusos en Chechenia y Uzbekistán, contra los serbios en Bosnia-Herzegovina o contra el FLN en Argelia. Ese rico hombre de negocios se llamaba Osama bin Laden, y los norteamericanos lo consideraban todavía un *freedom fighter* anticomunista vinculado con las familias más encumbradas de la monarquía saudí. A diferencia de los chiitas persas de Irán, Bin Laden era árabe y sunita, y aunque nunca alentó el antagonismo entre sunitas y chiitas, Estados Unidos prefería que los musulmanes se identificaran con este árabe anticomunista, al que todavía esperaban mantener bajo control, y no con los ayatolás iraníes que amenazaban la estabilidad en el Golfo Pérsico o, si se prefiere, la provisión de petróleo. Muchos países europeos, de hecho, siguieron acogiendo a los muyahidines de Bin Laden en sus territorios cuando viajaban para combatir en los Balcanes o el Cáucaso, porque este personaje estaba asociado con las monarquías wahabitas y con uno de sus principales proveedores de crudo de Occidente.

Entre los discípulos de Azzam en Peshawar se encontraba también Omar Abdel Rahman, el jeque ciego que había estudiado con el imán palestino en la Universidad de Al-Azar y militado en los Hermanos Musulmanes hasta la expulsión de Egipto por su presunta implicación en el asesinato de Anuar el-Sadat (un traidor, alegaban los islamistas, que había firmado un tratado de paz con los sionistas). Gracias a una visa suministrada por la CIA, Rahman había acompañado a Azzam durante sus ciclos de conferencias en las universidades norteamericanas, hasta que se instaló en Nueva Jersey, donde ocupó el puesto vacante de imán en la mezquita de Jersey City, justo enfrente de Nueva York. Rahman nunca cesó de predicar la yihad contra la alianza de sionistas y cruzados, y estuvo involucrado en el primer atentado contra el World Trade Center, ocurrido en febrero de 1993, que dejó un saldo de seis víctimas fatales y cerca de un millar de heridos.[1] Este atentado, ocurrido un año después de la caída de Kabul en manos de los muyahidines, marcó el fin del apoyo de la CIA a los grupos yihadistas. Pero incluso después de este ataque, uno de los futuros líderes de Al-Qaeda, el mencionado Ayman al-Zawahiri, visitaría Silicon Valley para reclutar a técnicos y científicos musulmanes y seguir colectando fondos en favor de la causa yihadista. Mientras tanto, otro egresado de la Universidad de Al-Azar, el sirio Omar Bakri, seguía organizando mítines en Londres para promover la yihad, como

1. Gilles Kepel, *Jihad*, ed. cit., p. 67.

aquel multitudinario acto de agosto del 94 en el estadio de Wembley. Estos eventos, realizados en una ciudad con una considerable presencia de musulmanes provenientes de las antiguas colonias, le valieron a la capital británica el apodo de «Londonistán». En torno a la mezquita de Finsbury Park, se creó una red de apoyo a los yihadistas, como la revista *Al-Ansar,* publicada por el hispano-sirio Al-Suri en apoyo al Grupo Islámico Armado (GIA) de Argelia. Esta organización se había constituido en 1991 después de que un golpe militar interrumpiera el proceso electoral que estuvo a punto de llevar al Frente Islamista de Salud al poder. El GIA gozó durante un tiempo del *benign neglect* del gobierno de François Mitterrand, quien no podía darse el lujo de que estas organizaciones trasladaran la yihad al país que poseía la comunidad musulmana más numerosa de Europa. Pero su apoyo al gobierno del FLN y, como consecuencia, al golpe militar que le cerró la ruta del poder a los islamistas del FIS, convirtió la antigua metrópoli colonial en un blanco de predilección de la yihad.[1] La guerra santa se inició en el Hexágono la víspera de la Navidad de 1994 –cuando Jamel Zitouni secuestró un avión de Air France en Marsella– y prosiguió con la serie de ocho atentados sangrientos perpetrados por Khaled Kelkal en 1995. En Alemania, finalmente, un islamista turco, Cemaleddin Kaplan, forma una comunidad radicalizada, compuesta por muchos jóvenes de segunda generación de inmigrantes turcos, declara la yihad en 1991 y se proclama califa en 1994, dignidad heredada por su hijo Metin en 1995 hasta que la policía lo arresta en 1999 por incitación al terrorismo.

Habría que recordar además que, a mediados de 1992, unos cuatro mil muyahidines llegados de Afganistán y finan-

1. *Ibid.,* p. 389.

ciados por Osama bin Laden desembarcaron en Bosnia y se instalaron en la ciudad de Zenica para combatir a los serbios.[1] El presidente Alija Izetbegović, líder del partido nacionalista musulmán, decidió, después de haberse reunido en varias ocasiones con Osama bin Laden, integrar estas milicias en el ejército nacionalista bajo el mando del emir Abu El Maali. Esta situación se prolongó hasta mediados de 1995, cuando el gobierno de Sarajevo firmó con Belgrado los Acuerdos de Paz de Dayton. Las cosas empezaron a complicarse a partir de ese momento porque los muyahidines habían venido a pelear para instaurar un Estado islámico y no para independizar a una nación del yugo de otra. Y mucho menos para instaurar una democracia de estilo occidental. A pesar de que durante la era soviética Izetbegović había publicado un libro en el que proponía la creación de un Estado bosnio donde rigiera la sharia, su partido aspiraba ahora a formar parte de la Unión Europea, de modo que decidió expulsar a los muyahidines de su país después de acusarlos de terrorismo: «Hasta a nosotros los muyahidines, que vinimos a ayudar al pueblo bosnio contra los agresores», se lamentaba El Maali en 1995, «se nos trata como a terroristas.»[2]

En 1953, Taqiuddin en-Nabami Hib ut-Tahrir creó un partido islámico que preconizaba la yihad global y la creación de un califato supranacional. Pero estas posiciones no habían conocido una adhesión multitudinaria entre los palestinos, quienes habían preferido apoyar a un movimiento de liberación nacional laico como la OLP. Este apoyo fue incrementándose con el paso de los años hasta la gran Intifada de 1987. Fortalecido por esta rebelión, Yasser

1. *Ibid.,* pp. 365 y ss.
2. *Appel du Jihad,* 11 de noviembre de 1995.

Arafat lograría que Israel reconociera en 1993 la Autoridad Palestina y que Isaac Rabin terminara firmando los Acuerdos de Oslo. Pero el asesinato de Rabin, la derrota de los laboristas en las elecciones y el triunfo de Benjamin Netanyahu terminaron por enterrar aquel acuerdo, sin que las concesiones de la OLP facilitaran la creación de un Estado palestino ni la restitución de los territorios prevista por la Resolución núm. 242 de las Naciones Unidas. Una organización islamista cercana a los Hermanos Musulmanes, Hamás, que había iniciado en 1993 una campaña de atentados suicidas para sabotear los acuerdos firmados entre Arafat y Rabin, comenzó a ver incrementada su popularidad a medida que se multiplicaban las colonias en Cisjordania y el Sur del Líbano ante la mirada impotente de la OLP y de la ONU. Desatada por la provocativa visita de Ariel Sharon a la explanada de las mezquitas, la Intifada de septiembre de 2000 ya no se haría en nombre de la liberación nacional de los palestinos sino del islam y de la yihad contra los sionistas. Como explicaba Farhad Khosrokhavar, los jóvenes que arrojaban piedras a las tropas israelíes en 1987 creían firmemente en la liberación de su país y estaban dispuestos a morir enfrentando a Tzahal, pero sabiendo que su sacrificio contribuiría a dejarles un país libre a las generaciones futuras. Los voluntarios para el martirio de la Segunda Intifada ya no creen en esta liberación, de modo que sus ataques suicidas son, en primer lugar, venganzas por los hermanos muertos; en segundo lugar, maneras de demostrar su bravura y su conciencia del honor ante sus propios hermanos; en tercer lugar, una salida ante una situación sin salida.[1] Los adolescentes que se atrevían a enfrentar los fusiles Galil de Tzahal arrojando piedras provenían de los barrios popu-

1. Farhad Khosrokhavar, *op. cit.*, p. 79.

lares de Nablus o del campo de refugiados de Jabaliya. Los jóvenes que aceptarían, a partir de 2000, convertirse en mártires, provienen de las clases medias y poseen un alto nivel de estudios. Además de la ostensible corrupción de las élites palestinas vinculadas con el partido de Arafat, Fatah, y de la degradación del nivel de vida del resto de la población, la autoridad palestina se vio obligada a reprimir, para respetar los Acuerdos de Oslo, el terrorismo de organizaciones como Hamás o la Yihad Islámica, lo que muchos palestinos vivieron como una traición. Esto explica por qué el nacionalismo socializante del Fatah —muy cercano, en muchos puntos, al sionismo de Ben Gurion— terminó siendo derrotado por el islamismo de Hamás en las elecciones legislativas de enero de 2006. Tanto los laboristas israelíes como los nacionalistas palestinos laicos se vieron superados por las organizaciones religiosas.

Mientras Arafat y Rabin firmaban los Acuerdos de Oslo, y el conflicto entre Israel y Palestina parecía a punto de concluir, Bin Laden estaba congregando en su país a los muyahidines de «La Base de Paktiya» en una nueva organización que denominó el Comité de la Yihad. Y es en ese preciso momento cuando George Bush padre puso punto final a la operación de Brzezinski. Pero hubo que esperar a que Estados Unidos se negara a retirar sus tropas estacionadas en la península arábiga, a levantar el embargo sobre Irak y a imponerle a Israel el cumplimiento de los Acuerdos de Oslo, para que el Comité decidiera declararle la guerra en agosto del 96. Los servicios secretos norteamericanos, no obstante, no empezaron a hablar de Al-Qaeda —o, en español, de La Base— hasta después de los atentados contra las embajadas norteamericanas de Kenia y Tanzania en agosto del 98, que provocaron centenares de víctimas y arrastraron al presidente Bill Clinton, presionado por la prensa y la oposición debido a sus «relaciones inapropiadas» con una becaria de la Casa Blanca, a lanzar la operación *Infinite Reach*. Unos días más tarde, un navío estacionado en el Golfo dispararía 79 misiles Patriot sobre cuatro bases de entrenamiento en Afganistán y un presunto laboratorio de armamento químico en Sudán. Las informaciones de que disponían los militares eran erróneas y los bombardeos terminaron convirtiéndose en una masacre de miles de civiles. Como represalia por estos ataques, un grupo terrorista secuestraría tres años después los aviones que destruirían las Torres Gemelas y el edificio del Pentágono y que estuvieron a punto de devastar hasta la Casa Blanca.

Hay sin embargo un detalle muy curioso de esos años, y es que Bin Laden solo había empleado hasta entonces la denominación Al-Qaeda para referirse a «La Base de Paktiya» y no a su organización. Cuando Bin Laden y Al-Zawahiri, refugiados nuevamente en las montañas afganas, firmaron conjuntamente una declaración de guerra en febrero del 98, anunciaron la creación del Frente Islámico Internacional contra los Judíos y los Cruzados sin emplear en ningún momento la denominación Al-Qaeda. Este Frente reivindicó los atentados contra las embajadas norteamericanas en Dar es-Salaam y Nairobi ocurridos ese mismo año y también el ataque contra el navío de guerra *USS Cole*, amarrado en el puerto yemenita de Adén. Ambos incidentes desatarían la cólera de Washington contra el millonario saudí. Todo haría pensar entonces que el empleo del nombre Al-Qaeda proviene de un error de los servicios de inteligencia, que confundieron «La Base de Paktiya» con el Frente Islámico. Pero como lo reconocería un alto responsable de la CIA en 2006, la agencia decidió adoptar esa apelación porque se trataba de una manera sencilla y accesible para el público estadounidense de identificar a toda una «nebulosa» de terroristas islámicos que probablemente no hayan recibido nunca órdenes del millonario saudí, como tuvieron que reconocer también esos servicios a propósito de los atentados del 11 de Septiembre.[1] Bin Laden podía enviar combatientes a Bosnia, Chechenia y Argelia, pero esto no significaba que los islamistas de esos países recibieran órdenes de él. Ironía de la historia: los diversos grupos terroristas y hasta algunos «lobos solitarios» empezaron a emplear el prestigioso sello Al-Qaeda, y hasta jurarle lealtad a su líder, después de que la CIA recurriera a ese rótulo para identificarlos.

El fin de la Guerra Fría, la crisis de muchos regímenes tercermundistas y las nuevas estrategias de Estados Unidos en Oriente Medio tuvieron como consecuencia la metamorfosis de los *freedom fighters* de Reagan en los *enemies of freedom* de Bush, aunque se tratara, a grandes rasgos, de los mismos grupos e individuos, que seguían teniendo la misma concepción rigorista del islam, luchando por la aplicación estricta de la sharia, amputando a los ladrones, lapidando a las adúlteras, ejecutando a los homosexuales, azotando a los periodistas indiscretos y denunciando la decadencia de las democracias occidentales. Pero los mismos ya no son los mismos porque se modificó la coyuntura internacional. Antes de la caída del Muro, los occidentales y los islamistas podían aliarse, superando sus pequeñas diferencias, porque tenían un enemigo común: los comunistas. Pero, una vez derrotado ese enemigo común, esas pequeñas diferencias se convirtieron en un antagonismo inconciliable. El mundo de Abdullah Azzam acababa de morir entonces con él.

1. Jacques Baud, *op. cit.,* p. 86.

EL DESPERTAR DEL MARTIRIO

El culto del mártir

Hay quienes aseguran que Bin Laden había empezado a distanciarse de Azzam tras su encuentro con Ayman al-Zawahiri, el egipcio que terminaría siendo su brazo derecho en el Frente Islámico Internacional. Hay incluso quienes conjeturan que el atentado contra el imán palestino habría sido instigado por este médico de El Cairo. Azzam seguiría siendo, con todo, una referencia doctrinaria insoslayable del islamismo político. Los muyahidines lo conocían a través de su «Defensa de los territorios musulmanes» y de «Únete a la caravana», dos influyentes panfletos en donde intentaba demostrar que la guerra santa era una «obligación individual», «al riesgo de su vida y su dinero»,[1] pero también un «sexto pilar del islam» junto con la adoración de un solo Dios, las oraciones cotidianas, las limosnas, los ayunos y la peregrinación a La Meca. Azzam hacía suya la tesis del egipcio Abd al-Salam Faraj, autor de *El imperati-*

1. Abdallah Azzam, «Rejoins la caravane», en Gilles Kepel, *Al-Qaida...*, ed. cit., p. 175.

vo escondido, para quien la lucha armada contra los dirigentes impíos era un deber de todos los musulmanes, omitido por la mayoría de los ulemas a lo largo de los siglos. Bajo el notorio influjo de Faraj y Azzam, un muyahidín norteamericano emigrado a Yemen, Anuar al-Aulaqui, resumiría esta posición en su panfleto «44 vías para sostener la yihad»:

> La yihad es el acto más grande en el islam, la salud de la umma depende de su realización. En tiempos como estos, cuando algunos países musulmanes son ocupados por los infieles, cuando las prisiones de los tiranos están repletas de prisioneros musulmanes, cuando la autoridad de la ley de Alá está ausente en este mundo y cuando el islam es atacado para ser desarraigado, la yihad se vuelve obligatoria para cada musulmán. La yihad debe ser practicada por el niño aun si sus padres se oponen, por la mujer aun si su marido se resiste y por el deudor aun si su acreedor no está de acuerdo.[1]

Durante el conflicto en Afganistán, Azzam había publicado además su *Costumbres y jurisprudencia de la yihad,* un libro más erudito destinado a sus estudiantes de la Universidad de Islamabad, donde examinaba, entre otras cosas, la etimología y las acepciones del vocablo árabe *yihad* en las diversas escuelas y corrientes de la historia del islam. Porque la yihad no se limitaba a un combate contra los infieles sino, en general, contra las fuerzas del mal, un mal que los musulmanes debían derrotar para conocer la redención o acceder a la bienaventuranza. Los doctores del islam establecen incluso una diferencia muy nítida entre la yihad grande y la pequeña: en la primera, los fieles combaten a esos ene-

1. Olivier Roy, *op. cit.,* p. 27.

migos interiores que son los pecados y las tentaciones; en la segunda, a los enemigos exteriores de la *umma islamiyya*. La gran yihad se identifica con la vía ascética; la pequeña, con la vía armada. A diferencia de la mayoría de los ulemas que privilegian la primera vía, Azzam retuvo solo la segunda: «La palabra *yihad* significa solamente combate armado.»[1] Y el héroe de esta guerra santa es el mártir o *shahîd*.

Los ulemas reconocen una multitud de casos de *shahâda*, o martirio, entre los difuntos. Algunos declararon *shahîd* al primer ministro libanés Rafiq Hariri, después de su asesinato en 2005, y hasta al propio Sadam Husein después de su ejecución. Una de las principales escuelas teológicas de Egipto, la Universidad de Al-Azar, declaró mártires a un grupo de inmigrantes que se ahogó en las costas de Italia, mientras que otro teólogo de ese país, Ahmad Abu-Yusuf, emitió una *fatwa* acordándole ese título a los enfermos de sida con el pretexto de que un viejo *hadit* se lo atribuye a las víctimas de «un mal de vientre».[2] Pero mártires, para Azzam, como para cualquiera de los imanes favorables a la yihad, son solamente los fieles caídos en una batalla contra los agresores de esa umma que se extiende desde Andalucía a Filipinas y reúne a la quinta parte de la humanidad. A estos mártires Dios les perdonaría todos sus pecados y por eso algunos ulemas clásicos, como Charaf al-Nawawi, estimaban que sus almas se elevaban directamente hasta el círculo superior del Paraíso, morada de los bienaventurados, sin necesidad de esperar al Juicio Final. Un *hadit* citado por Azzam afirmaba que Alá le acordaría siete favores al mártir:

1. Abdallah Azzam, «Rejoins la caravane», en Gilles Kepel, *Al-Qaida...*, ed. cit., p. 175.
2. Antoine Courban, «Martyr(e): témoin de vie ou témoin de mort?», *L'Esprit du Temps*, núm. 113, 2010/4, p. 64.

Le perdonaría sus pecados desde la primera gota de sangre vertida [en la yihad], le permitiría vislumbrar su lugar en el Paraíso, lo vestiría con el atuendo de la fe, le concedería setenta y dos huríes como esposas, le ahorraría los tormentos de la tumba o sometido al gran terror, lo coronaría con un cetro de dignidad en piedras preciosas que valen más que el mundo y sus tesoros, y le permitiría interceder por sesenta personas más de su familia.[1]

El propio Corán exhortaba a los musulmanes a alistarse en la yihad: «Pesados o ligeros, lanzaos al combate; luchad con vuestros bienes y vuestras personas por el camino de Dios: ¡no sabéis hasta qué punto es un bien para vosotros!» (9, 41). Y en otros versículos explicaba en qué consistiría este bien: «las acciones de quienes caigan por el camino de Dios en el combate no serán vanas», dado que Dios «los guiará y los volverá mejores y los hará entrar en un jardín que les permitirá conocer» (47, 4-6). No había que decir entonces que los mártires murieron: «están vivos pero no sois conscientes de ello» (3, 169). Esto explicaría por qué muchas comunidades musulmanas no lloran nunca a sus mártires, ni purifican sus cuerpos, ni pronuncian las habituales plegarias durante los funerales: estos mártires, para empezar, siguen vivos; limpios de todo pecado, no precisan ser purificados; recibidos inmediatamente en la *yanna* –donde los esperaría además un nutrido harén de huríes–, la intercesión de sus correligionarios para granjearles la misericordia divina resultaría superflua.

Al igual que el *martys* griego, el vocablo árabe *shahîd* hacía alusión al testigo en un proceso judicial. Y de manera

---

1. Abdallah Azzam, «Rejoins la caravane», en Gilles Kepel, *Al-Qaida...*, ed. cit., p. 171.

similar a lo que ocurrió en el cristianismo, esta palabra terminó empleándose para referirse a las personas dispuestas a atravesar la prueba del suplicio y de la muerte sin traicionar la fidelidad a su Señor. Por eso el mártir no se parece tanto a los sujetos que testimonian en un juicio acerca de lo que vieron u oyeron como a los individuos capaces de «meter las manos en el fuego» para defender a un tercero. El martirio es una prueba concluyente de la fidelidad del testigo a una persona y de la absoluta confianza en su palabra. Y esa persona sería, en el caso de los cristianos, el fundador de la Iglesia, del mismo modo que la *shahâda* es el primer pilar del islam o la profesión de fe musulmana: «No hay otro Dios fuera de Alá y Mahoma es su Profeta.»[1] Solo que la copiosa literatura del martirologio cristiano nos sugiere que sus mártires, a diferencia de los musulmanes, habían defendido hasta el final la fe en su Señor sin intentar defenderse —ni a sí mismos ni a los suyos— de sus perseguidores y verdugos, como el testigo que consiente en someterse a alguna ordalía atroz para probar su lealtad a algún señor. Los mártires cristianos se parecerían menos a los muyahidines caídos en algún combate a muerte contra los infieles, o a los kamikazes de Hamás con sus chalecos de explosivos, que a los rehenes degollados por las milicias de Boko Haram o el Estado Islámico, si no fuera porque a estas víctimas indefensas ni siquiera se les concede la posibilidad de elegir entre la muerte y la abjuración.

Todo parecería indicar entonces que la aceptación inerme del suplicio y de la muerte por fidelidad a su Señor sería el rasgo distintivo del martirologio cristiano. Solo que este amor por el martirio llegó a ser tan apasionado en las

1. Atmane Aggoun, «Le Martyr en Islam. Considérations générales», *Études sur la mort* 2006/2, núm. 130, pp. 55-60.

primeras generaciones de seguidores de Cristo que terminó asumiendo el aspecto de una glorificación del suicidio. Como el martirio era el camino más seguro a la hora de obtener el estatuto de santo –con el vistoso culto de las estampas y reliquias que solía acompañarlo–, algunos fieles provocaban a las autoridades romanas para que los crucificaran como a Jesús o San Pedro, o para que los decapitaran como hicieron con San Pablo. Los pensadores paganos consideraban que estos sacrificios insensatos constituían pruebas concluyentes del fanatismo cristiano. Eusebio de Cesarea cuenta que San Procopio se había negado a efectuar el sacrificio a los dioses delante de Diocleciano y que, por este motivo, fue condenado a la decapitación. A continuación, muchos mártires lo imitaron oponiéndose a que las autoridades realizaran las ofrendas sacrificiales a los dioses de la ciudad, de modo que el martirio se volvió un sinónimo de rebelión contra las autoridades imperiales. Los propios Padres de la Iglesia se vieron obligados a reprobar estas actitudes antes de que el concilio de Elvira decidiera negar el título de mártires a quienes destruían los ídolos del politeísmo con el solo propósito de verse condenados por sacrilegio en los tribunales del Imperio. En su condición de obispo de Hipona, San Agustín denunciaría por este motivo a los donatistas y su apasionada busca del martirio.[1] Y así es como la Iglesia se vio confrontada a un fenómeno que se repetiría en varias ocasiones a lo largo de la historia: la multiplicación mimética del martirologio.[2]

1. Dominique de Courcelles, «Histoire de quelques concepts dans les trois monothéismes: sainteté, sanctification, témoignage, martyre», *Topique* 2010/4, núm. 113, p. 10.
2. François-Bernard Huyghe, «Kamikazes: la contagion de la mort», *Médium* 2005/4, núm. 5, pp. 78-89.

En la propia tradición cristiana, no obstante, la significación del vocablo *mártir* conoció otras acepciones, menos frecuentes, tal vez, pero muchísimo más cercanas a la figura del *shahîd* de los panfletos de Azzam y a todo un largo linaje, perfectamente occidental, que se remonta a la figura del héroe de la antigüedad grecorromana. El historiador alemán Ernst Kantorowicz recordaba que, en una carta pastoral de 1914, «Patriotismo y resistencia», el cardenal Désiré-Joseph Mercier había respondido a una pregunta que se hacían algunos feligreses después de la ocupación de Bélgica por las tropas germanas: ¿el soldado caído en la defensa de la patria era un mártir? Mercier se había visto obligado a puntualizar que, desde una perspectiva estrictamente teológica, el soldado no era un mártir, dado que no moría entregándose inerme a sus verdugos sino combatiéndolos arma en mano. Pero sostenía que Cristo recompensaba su coraje militar y que el soldado que moría «para salvar a sus hermanos, para proteger los hogares y los altares de su país», realizaba «la forma más elevada de amor», de modo que su sacrificio borraba «una vida de pecado» y convertía al «pecador en santo».[1] La carta, por supuesto, produjo un ostensible malestar entre las autoridades de la ocupación alemana. Pero también entre algunos dignatarios de la jerarquía eclesiástica. En marzo de 1915 el cardenal francés Louis Billot criticaría el mensaje de su colega valón asegurando que la muerte voluntaria no resultaba suficiente para granjearse la salvación eterna porque esto significaría sustituir «a Dios por la Patria», olvidando «lo que es Dios, lo que es el pecado, lo que es el perdón divino».[2]

1. Ernst Kantorowicz, «*Pro patria mori* in Medieval Political Thought», *American History Review*, núm. 56 (1951), pp. 472-492.
2. *Ibid.*

Pero Dios, patria, pecado, mártir o perdón no son ideas platónicas que perduran inmutables, como figuras geométricas, en el cielo de la humanidad, donde nos bastaría contemplarlas para concluir un retrato fiel de ellas o alguna definición precisa e irreversible, sino vocablos que conocieron sus fluctuaciones semánticas durante los dos milenios de historia del cristianismo. Y si el cardenal Mercier olvidaba alguna de estas acepciones, recordaba, en cambio, otras, algo que también hacía su correligionario Billot. En el año 1095 el concilio de Clermont había prometido indulgencias para los cruzados por considerar que esa expedición en defensa de la Tierra Santa suplía todas las penitencias efectuadas para expiar los pecados: oraciones, limosnas, ayunos o peregrinajes. Urbano II, el «papa guerrero», se atrevió incluso a declarar que la participación de un cristiano en las cruzadas traería aparejado el perdón liso y llano de sus pecados.[1] La muerte de un «Caballero de Jesús» en un combate contra los infieles empieza a presentarse entonces como si fuera un martirio. Y esto aunque los cruzados hubieran masacrado en 1096 a los habitantes de Jerusalén, entre quienes había musulmanes, judíos y cristianos ortodoxos. A pesar de las reservas de algunas autoridades religiosas, los cruzados estaban convencidos de que la muerte durante la guerra santa en la remota Palestina les permitiría atravesar, sin más dilación ni trámites, las puertas del Paraíso para sentarse junto a los santos y los apóstoles. A título de ejemplo, Kantorowicz cita los versos de una canción popular de aquellos años:

1. Ernst Kantorowicz, *Œuvres*, París, Gallimard, 2000, p. 820.

El que se embarca a Tierra Santa
y muere en esta campaña,
entrará en la dicha celestial,
y morará entre los santos.[1]

Dante siguió sosteniendo esta misma idea en la tercera parte de su *Comedia* porque uno de sus antepasados muertos durante la segunda cruzada, Cacciaguida, aparece en el cielo de Marte donde moraban los paladines de Dios y los mártires del cristianismo, y concluye el canto XV diciéndole a su descendiente: «*E venni dal martiro a questa pace.*» En el canto III del «Infierno», Dante situaba la cobardía en el vestíbulo, como si este pecado fuera la antesala de todos los demás, porque cobardes eran, para él, quienes no se atrevían a tomar partido por nada ni nadie, temerosos de perder así su vida y sus bienes personales. El arzobispo de Reims les atribuía igualmente el estatuto de mártir a los caballeros francos que caían combatiendo a los sarracenos de la *Canción de Rolando*: «*Se vos murez*», les decía, «*esterez seinz martirs*» (si morís, seréis santos mártires). Porque la guerra contra los musulmanes de España tenía la dignidad de una cruzada: aunque los ejércitos no se desplazaran a liberar la Tierra Santa, estaban defendiendo, por los valles de los Pirineos, el sagrado imperio de los francos y la cristiandad en general. Algo similar ocurre en el poema de Arturo cuando San Dubricio, arzobispo de Caerleon, arenga a los combatientes bretones recordándoles que morir en defensa de ese reino cristiano contra los impíos sajones equivalía al martirio: «El que sufre la muerte por sus hermanos se ofrece como una hostia viva a Dios e, indudablemente, sigue a Cristo, quien sacrificó su vida por sus hermanos.» Sacrificar

1. *Ibid.*, p. 821.

la vida por los demás, enfrentar la muerte para salvar a los suyos, ¿no constituía un acto de altruismo digno de un genuino santo? «Si alguno de vosotros pierde la vida en esta guerra», concluía San Dubricio, «que esta muerte sea penitencia y absolución para todos sus pecados.»[1]

Resultaba fácil distinguir entre lo que era del César y lo que era de Dios cuando el primero defendía la religión politeísta. Pero ¿qué ocurría cuando César era un fervoroso defensor de la Iglesia y sus vasallos integraban el rebaño del Señor? Un contemporáneo del papa Urbano II, Yves de Chartres, aseguraba en sus escritos que Dios les reservaba una recompensa a quienes morían «por la verdad de la fe, la salud de la patria y la defensa de los cristianos», y estimaba que «el amor de la madre patria» provenía de «una caridad que no pone los asuntos privados por encima de los comunes, sino los asuntos comunes por encima de los privados», de modo que el *amor patriae* ocupaba un lugar eminente en la jerarquía de virtudes cristianas.[2] Marte y Venus se encontraban así en secreto porque el valor de los combatientes para enfrentar a los enemigos de la patria era directamente proporcional al amor que le prodigaban a su tierra y sus hermanos.

Umma o muerte, venceremos

Mostrando cómo la expresión *mártir* se había ido desplazando con el paso de los siglos desde la significación religiosa a la militar y desde las cruzadas en Tierra Santa hacia los combates en defensa de la patria, Kantorowicz espe-

1. *Ibid.,* p. 822.
2. *Ibid.,* p. 823.

raba demostrar que el nacionalismo moderno –el mismo que él había apoyado en su juventud y que lo obligaría a refugiarse en los Estados Unidos tras la llegada del nazismo– tenía un origen teológico. Si la noción de Tierra Santa había empezado a utilizarse para aludir a Palestina, se emplearía a continuación para referirse a los reinos que, a la manera de Francia, se erigían en custodios de la cristiandad, antes de acabar en la sacralización de los Estados nacionales, como en la carta de Mercier, hasta que los regímenes fascistas erigieran una auténtica religión del Estado o algunos movimientos de liberación del Tercer Mundo clamaran «Patria o muerte, venceremos». El propio Kantorowicz debía reconocer no obstante que esta celebración del sacrificio individual en nombre de la comunidad se encontraba ya entre los paganos, aunque ellos ignorasen la significación cristiana del martirio y los contornos de su patria no coincidieran exactamente con el perímetro de los reinos o las naciones. En su célebre «Oración fúnebre», pronunciada durante el primer año de la Guerra del Peloponeso, Pericles argumentaba que «sacrificando en común sus vidas», los guerreros atenienses habían conquistado para cada uno «una gloria perenne» *(agērōn epainon)* y «la más honorable sepultura».[1] La idea de la inmortalidad del alma y, como consecuencia, de la bienaventuranza obtenida a través de los sacrificios terrenales, no formaba parte de los componentes del discurso de un politeísta griego como Pericles. Para él, como para la mayoría de sus contemporáneos, aquello que se conservaba sin perecer a través de las generaciones no era el alma sino el nombre, y si este nombre pervivía, se debía a que los poetas entonaban

---

1. Pericles, «Oración fúnebre», en Tucídides, *El discurso fúnebre de Pericles,* Madrid, Sequitur, 2007, pp. 25-38.

cantos en honor de esos guerreros y la propia polis homenajeaba periódicamente su memoria como si se tratase de divinidades. La inmortalidad estaba reservada, como consecuencia, a los héroes, y no al común de los mortales, y por eso la cultura griega los consideraba semidioses: mortales por su origen, pero inmortales por la memoria perdurable de sus hazañas. Quienes morían en el campo de batalla, añadía Pericles, tenían «la tierra entera por sepulcro» porque «hasta en los países más alejados se conserva su recuerdo», y esta gloria *(epainon)* era la única cosa que no envejece *(agērōn)*. Como lo había planteado Homero en el canto IX de la *Ilíada* a propósito de Aquiles, el ideal heroico consiste en preferir la «gloria imperecedera» *(kléos áphthiton)* por sobre la vida fugaz, porque el héroe lo hace todo por quedar en la memoria de los hombres que van a contar y cantar sus hazañas en vez de envejecer olvidado. Hecho de materias deleznables, el hombre duraba menos que los versos de los rapsodas y aedas por los caminos de la Hélade. Para los hombres, solo hay una inmortalidad en el mito, y una persona solo alcanza la dignidad de una figura mítica cuando, a través de sus acciones, prefiere esta inmortalidad por sobre su supervivencia.

A través de su homenaje a los héroes de la Guerra del Peloponeso, Pericles estaba profiriendo al mismo tiempo un elogio de la democracia ateniense, porque si los guerreros de esta ciudad luchaban con un denuedo inusual, se debía a que no tenían la impresión de defender los intereses de una minoría sino de la mayoría. Pero Platón, que estaba en las antípodas políticas de Pericles, que deploraba el gobierno de la multitud y que criticó incluso la «Oración fúnebre» a través de la voz de su maestro, pensaba igualmente que la patria era la cosa «más solemne, más sagrada, más elevada», a la que «hay que honrar más que a un padre» y «obedecer cuando lo ordene» aunque se trate de «ir a la guerra a que nos hieran o nos maten». Si cualquiera considera «sacrílego» violentar al padre y a la madre, concluye Sócrates en el *Critón,* el sacrilegio resulta todavía más grave si la víctima es la patria. Uno de los comensales del *Banquete,* Fedro, proclamaría incluso que lo ideal sería constituir una polis o un ejército «de amantes y amados», dado que un amante «tendría menos vergüenza de abandonar su unidad o de deponer las armas ante la mirada de todo un ejército que ante la mirada de quien ama», y preferiría «morir mil veces antes que exponerse a semejante vergüenza». Porque, además, ningún amante abandonaría a su amigo en una situación de peligro: Eros «atiza el coraje hasta hacer verdaderos héroes». Y no existía mejor ejemplo de esto que la decisión de Aquiles. Su madre, Tetis, le había predicho que si mataba a Héctor «moriría inmediatamente después», pero que llegaría a la vejez si se abstenía de hacerlo. A pesar de esta advertencia, prosigue Fedro, Aquiles prefirió vengar a su amante Patroclo y los dioses premiaron este amor y esta fidelidad enviando a Aquiles, tras su muerte, a la «isla de los bienaventurados». Si «una polis o un ejército pudiera componerse de amantes y amados», concluía entonces Fedro, «no habría pueblo que se alejara con más horror del vicio y emulara la virtud», de modo que «un simple puñado de hombres, unidos por estos lazos, sería capaz de vencer al mundo entero».

Algunos siglos después de Platón, Cicerón seguiría hablando del *amor patriae* y hasta de una *caritas rei publicae.* Y el padre del humanismo europeo pondría incluso este amor por encima de la *philanthropia* o el amor de la humanidad. Del mismo modo que Aquiles se había sacrificado por Patroclo, el romano debía hacerlo por esa *patria communis.* A este mismo sacrificio seguiría haciendo alusión Horacio con su célebre verso «*Dulce et decorum est pro patria mori*» (morir por la patria es grato y honorable), así como su contemporáneo Virgilio, cuando sitúe a «la multitud de quienes sufrieron heridas por la patria» en los Campos Elíseos, junto a los «sacerdotes castos», los «vates fieles a los dioses», «los que ennoblecieron la vida con las artes» y a todos los que, «por hacer el bien», «lograron perdurable recuerdo entre los hombres». Virgilio sugería incluso, siguiendo a Homero, que estos héroes habían pasado a formar parte del elenco de los bienaventurados puesto que la Sibila, en el canto VI, los interpela llamándolos «almas felices» (VI, 669). Todos tenían además las sienes ceñidas con cintas blancas, símbolo de la pureza que los cristianos perpetuarían en los honores a sus mártires.[1] Y esta imagen de los caídos por la patria no se encuentra después de todo tan lejos de los mártires del islam, aunque los contornos de su patria no coinciden con la ciudad o el reino, y ni siquiera con la nación, sino con el dilatado perímetro de la umma. Como dice poéticamente un *hadit* auténtico: «El paraíso es la sombra de los sables.»

Alguien podría señalarnos que estas concepciones del martirio y el heroísmo resultan contradictorias con nuestra visión moderna de la libertad, y tendría razón, sí, pero solo en parte. Porque el vocablo *libertad* conoció, y sigue conociendo, una diversidad de acepciones en la cultura occidental moderna. Cuando George Bush aseguraba que los terroristas detestaban la libertad, no se estaba refiriendo a la capacidad de un sujeto para sacrificar sus intereses particulares en pos del interés general. Al contrario, en el vocabu-

1. Herbert Hoffmann Herbert, «Dulce et decorum pro patria mori», *Mètis. Anthropologie des mondes grecs anciens,* vol. 5, núm. 1-2, 1990, pp. 127-136.

lario de Bush un individuo es libre cuando no está obligado a subsumir su interés privado al interés público o común, de modo que un hombre obligado a morir *pro patria* o, en términos generales, *pro nobis,* no sería un hombre libre, aun cuando los gobiernos de Estados Unidos hubiesen invocado en otros tiempos este ideal para convencer a sus ciudadanos de «servir a la patria» y los propios norteamericanos practiquen todavía hoy, en abundancia, el culto del heroísmo. Para Abdullah Azzam, en cambio, la yihad libera a los musulmanes de la atadura a los intereses propios, egoístas, y por eso no era sencillamente un pilar más del islam sino un pilar que subsume los otros cinco. «¿En qué consiste nuestra debilidad?», le preguntaron los personajes de un *hadit* a un mensajero de Dios, y este les respondió: «Vuestro amor por el mundo y vuestro odio del combate.»[1] A través de la yihad el creyente no lucha solamente contra los enemigos exteriores sino también contra los interiores desde el momento en que doblega la tendencia de su alma a defender sus intereses y apetencias personales. Y esto explicaría por qué ingresa directamente a la *yanna,* junto con los bienaventurados y los santos, sin esperar al día del Juicio. Desde la perspectiva de Azzam o Al-Zawahiri, las sociedades occidentales son corruptas y decadentes porque pusieron los intereses privados por encima de los comunes y porque ya no identifican la libertad con los deberes de los individuos hacia la comunidad, sino con los deberes de la comunidad hacia ellos, es decir, con los llamados derechos individuales. Para Azzam, en cambio, como para Yves de Chartres, existía «una caridad que no

1. Abdallah Azzam, «La Défense des territoires musulmans constitue le principal devoir individuel», en Gilles Kepel, *Al-Qaida dans le texte,* ed. cit., p. 139.

pone los asuntos privados por encima de los comunes sino los asuntos comunes por encima de los privados». Y cuando la muerte se inspira en esa caridad, cuando el hermano da su vida por sus hermanos, se vuelve sagrada.

No es raro entonces que la mayoría de los combatientes del Estado Islámico desdeñe la idea de la «gran yihad» interior del quietismo salafista: para ellos, la pequeña yihad, el combate exterior contra los infieles en defensa de la tierra santa, suple con creces la grande. Cuando Bin Laden aseguraba en una entrevista de la CNN que «nosotros amamos la muerte por el camino de Dios tanto como ustedes la vida» –frase parafraseada en adelante por un sinnúmero de yihadistas–, no estaba limitándose a fanfarronear frente a los norteamericanos: estaba siguiendo en este punto a su maestro Abdullah Azzam y defendiendo la idea de que el compromiso con una comunidad, el amor por sus hermanos, el triunfo de la fe sobre el pecado, del espíritu sobre la carne o de la voluntad sobre las tentaciones, solo puede probarse cabalmente si la persona sacrifica sus bienes y su vida «por el camino de Dios». Y este sacrificio altruista era la yihad. «El movimiento yihadista popular», explicaba Azzam en «Únete a la caravana», «con su largo camino por recorrer, la amargura de los sufrimientos por padecer, la enormidad de los sacrificios y de las pérdidas, sirve para purificar las almas y elevarlas por encima de la realidad»: «los intereses se alejan así de los conflictos mediocres sobre el dinero y las necesidades de corto plazo», «los odios se borran y las almas se vuelven menos rudas, mientras la caravana sube desde el valle hundido hasta la cima elevada, lejos de los pantanos en putrefacción y los combates en la jungla».[1] Cuando Az-

1. Abdallah Azzam, «Rejoins...», ed. cit., p. 169.

zam privilegiaba entonces la pequeña yihad por sobre la grande, o la vía armada por sobre la vía ascética, estaba sugiriendo que el combate contra el mal exterior era el camino más seguro para vencer al adversario interior, y por eso los muyahidines menosprecian a los sufíes que se limitan a buscar esa bienaventuranza por el sendero de la austeridad individual y el misticismo. Los mártires se encuentran más cerca de Dios, para Azzam, porque logran vencer sus apetencias egoístas, y hasta su instinto de conservación, desde el momento en que sacrifican sus vidas *pro patria* o *pro nobis*. La guerra santa santifica a los combatientes, los «sana» o los «purifica» de sus «intereses patológicos», como los llamaba Kant. Pero ¿qué decían, después de todo, Pericles o Platón? Dar sus bienes a los otros es un acto de altruismo. Dar la propia vida por los demás es el supremo acto de altruismo, y en este generoso don de uno mismo tal vez se encuentre la clave para entender fenómenos como el yihadismo: el enigma del sacrificio es el enigma del don.

Y la patria del valiente

Tanto Maquiavelo como Rousseau reivindicaron la tradición republicana de la muerte *pro patria*. El ginebrino pensaba que la patria era como una madre que alimenta a sus hijos, y que estos debían retribuirle ese cuidado convirtiéndose un día «en sus defensores y en los padres de la patria de la cual fueron durante mucho tiempo sus hijos».[1] Y algo semejante planteaba en un capítulo del *Contrato so-*

1. Jean-Jacques Rousseau, *Discours sur l'économie politique*, edición digital Pierre Hidalgo, La Gaya Scienza, © abril 2012, p. 31.

cial dedicado al «derecho de vida y de muerte» cuando aseguraba que el Estado tiene derecho a exigir la muerte en nombre del bien común: aunque el contrato social tenga como finalidad la conservación de quienes lo suscribieron, también precisa que estos entreguen sus vidas para salvar la vida y la libertad de sus conciudadanos. Cuando los ciudadanos exponen sus vidas en defensa del Estado, no hacen sino devolverle la seguridad que recibieron de él, lo que significa «que la vida no es solamente un don de la naturaleza sino también un don incondicional del Estado».[1] La virtud cívica era, para el ginebrino, la participación de cada uno en favor del interés general, y por eso el individualismo, la defensa del interés particular, se convertía, para él, en sinónimo de corrupción moral y descomposición social. Como Horacio y Virgilio, Rousseau seguía preconizando entonces que «por los honores, por las recompensas públicas, se les diera brillo a todas las virtudes patrióticas». Y la tradición republicana se inscribió durante dos siglos en esta concepción rousseauniana de la ciudadanía, opuesta a la visión liberal.

Hacia el final de sus *Principios de filosofía del derecho*, publicados en 1821, Hegel aseguraba que la defensa armada del Estado era «el acto supremo por el cual la libertad se abstrae de todos los objetivos particulares, de todas las propiedades, de todos los goces y de toda la vida privada». La guerra es la situación en la cual «se toma en serio la vanidad de los bienes y las cosas temporales», de modo que la «propiedad y la vida» asumen su estatuto de cosas finitas y contingentes. Esta «negación» de la propia vida o esta «abnegación» del individuo solo «encuentran su finalidad

1. 1. Jean-Jacques Rousseau, *Du contrat social,* Estrasburgo, Elibrons Classics, 2008, p. 36.

absoluta y verdadera» en la soberanía del Estado, lo que le permitía anunciar al filósofo alemán que la máxima libertad humana coincidía, dialécticamente, con un «mecanismo de orden exterior y de servicio, de obediencia completa y renuncia total a la opinión propia y al razonamiento y, en resumidas cuentas, en la ausencia de un sentido y una decisión propios».[1] Que la libertad sea la servidumbre, puede sonar hoy paradójico, y sin embargo seguimos elogiando la grandeza y el desprendimiento de las personas que se ponen «al servicio» de una causa, aunque no se consagren a servir, necesariamente, al Estado, y pensamos que ese altruismo, esa entrega al otro desprendiéndose de uno mismo, tiene mucho que ver con la libertad. Del mismo modo que, para Marx, la esencia secreta del capital sería su opuesto, el trabajo, la esencia secreta de la obediencia era, para Hegel, la libertad. Este filósofo jugaba incluso con la doble significación del sustantivo alemán *Burger:* el burgués, en el sentido de la persona que se ocupa solamente de sus asuntos privados, y el ciudadano, en el sentido de la persona que se ocupa de los asuntos públicos. El *Burger* moderno encarna esa contradicción que no se resuelve a través de una «conciliación» de sus dos personalidades, sino a través de una «coincidencia» de los opuestos, es decir, de la libertad y la obediencia: la auténtica libertad no consiste en ocuparse, sin intromisión del Estado, de los negocios privados sino en ponerse al servicio, ya no de un señor terrenal, a la manera de un caballero medieval, o de un señor celestial, a la manera de algunos fervientes religiosos, sino del bien común y, en consecuencia, del Estado. Hegel pensaba que solo el Estado moderno le había

1. Hegel, *Filosofía del derecho,* Buenos Aires, Claridad, 1968, p. 273.

ofrecido al coraje esta «forma superior», dado que ya no se trata de la aptitud de una «persona particular» sino del «miembro de una totalidad». La guerra equivalía así a la manifestación última de la auténtica libertad, que no se confunde con la defensa de los intereses de un individuo frente a otro sino con la soberanía de un Estado frente a su enemigo. Un pueblo es libre cuando se gobierna a sí mismo y se gobierna a sí mismo cuando impide que empiece a hacerlo, o logra que deje de hacerlo, otro: los conflictos armados son o bien guerras defensivas de los Estados constituidos, o bien guerras de liberación de los Estados por constituirse. Y ambas concepciones de la guerra y de la libertad coinciden perfectamente con las posiciones de Azzam y sus yihadistas, a condición de sustituir el Estado por la umma o, a lo sumo, el califato. El islam –la sumisión– sería la más alta libertad que un hombre puede conquistar. Esto no significa que el imán palestino hubiera leído a Hegel (aunque no habría que descartar esta eventualidad). Significa sencillamente que tanto Azzam como Hegel se inscriben en una misma tradición de pensamiento, y que de esta tradición de pensamiento no está excluido el propio Mahoma.

A pesar de que se inscribían en la tradición republicana de Maquiavelo y Rousseau, las posiciones de Hegel serían adoptadas en el siglo XX por los regímenes que identificaban la libertad con la obediencia al Estado. Los fascistas también pensaban que «la finalidad del Estado» no era «la garantía de la vida y la propiedad de los individuos» sino al revés: que los individuos, en su condición de ciudadanos, debían garantizar la defensa y la soberanía del Estado. Uno de los motivos por los cuales los fascistas se oponían a la política burguesa era finalmente ese: la burguesía concebía el Estado como un aparato encargado de asegurarles e incluso facilitarles a los individuos la preservación de sus vidas y la búsqueda de su beneficio personal, de modo que el sacrificio realizado en nombre de un ideal político o religioso, para un liberal utilitarista como Hobbes, resultaba absurdo. Las sociedades de Pericles, Horacio o incluso Dante ponían en cambio el noble sacrificio de la vida y de los bienes por encima del bienestar personal. La libertad, en este caso, no significaba que la sociedad tenía deberes para con los individuos sino que los individuos tenían deberes para con la sociedad. Un exiliado político alemán, Leo Strauss, le explicaba durante la Segunda Guerra Mundial a su perplejo público norteamericano que los partidarios de Hitler, los seguidores de Primo de Rivera o los rumanos de la Guardia de Hierro detestaban «la perspectiva de un mundo en el que cada uno estuviera feliz y satisfecho», un mundo «en el que cada uno tuviera su pequeño placer diurno y su pequeño placer nocturno», un mundo «en el que no pudiera latir ningún corazón ni respirar un alma grande», un mundo «sin sacrificio real que no sea metafórico, es decir, un mundo que ignoraría la sangre, el sudor y las lágrimas».[1] La vida solo empezaba a volverse seria, auténtica, cuando los compromisos que tomaba el ciudadano ponían en juego su vida y sus propiedades al servicio de la comunidad. Y por eso el fascismo era, para Leo Strauss, una protesta moral contra el internacionalismo de la civilización moderna, un internacionalismo que borra las fronteras entre los Estados, que liga a los nacionales con los extranjeros, que promueve el amor y, como consecuencia, el mestizaje entre las razas, y que abraza el pacifismo como nunca antes en la historia. Una vida verdaderamente humana, para ellos, era «una vida en una atmósfera

---

1. Leo Strauss, *Nihilisme et politique*, París, Rivages, 2004, p. 42.

de tensión, una vida fundada sobre la consciencia permanente de los sacrificios a los cuales debe su existencia, y de la necesidad, del deber, del sacrificio de la vida y de todos los bienes terrestres». Las sociedades abiertas serían, para estos movimientos, sociedades cerradas «en estado de desintegración», y esta desintegración se la atribuían, sobre todo, a la influencia judía. Y si los judíos tenían, para ellos, esa influencia nefasta sobre el patriotismo, se debía a que vivían en una patria que no era la suya, de modo que no estaban dispuestos a sacrificar su vida y sus bienes en defensa de una comunidad que no era la suya. El internacionalismo había sido, para los fascistas, una invención de los individuos privados de una nación. Las juventudes hitlerianas estaban convencidas de que la derrota de la Primera Guerra Mundial había sido la consecuencia de un debilitamiento del espíritu germano del sacrificio y el deber debido a la difusión de los valores «judaicos»: la utilidad, los derechos individuales y los deberes estatales para con los ciudadanos en detrimento del sentido del deber y el sacrificio.

Estas tesis no coincidían, al menos en un principio, con las posiciones marxistas, dado que el marxismo no fomentaba la obediencia a un Estado nacional sino, al contrario, el internacionalismo y el compromiso con la clase obrera, lo que explica por qué los nazis lo tachaban de movimiento «judaico» y por qué lo ponían en la misma bolsa que las «finanzas internacionales», como si, a pesar de su mutua hostilidad, formaran parte del complot que quería acabar con los flamantes Estados nacionales –que para la extrema derecha se arraigaban en un pasado remoto–, y como si ese odio por el patriotismo los convirtiera en enemigos de los nacionalistas (tesis que los nacionalistas confirmaron, por supuesto, cuando los comunistas se aliaron con partidos burgueses y los países capitalistas para combatir a Franco, Hitler, Mussolini o Pétain). Cuando León Trotski les explicaba en 1924 a los militantes comunistas por qué era importante obedecer las directivas del Comité Central, aun cuando no correspondieran al punto de vista personal de cada uno, recordaba un dicho inglés: *«Right or wrong, my country is my country.»*[1] Con esta frase no estaba sugiriendo que los comunistas debían volverse nacionalistas sino estableciendo un paralelismo: para los comunistas el Partido era lo que para los ingleses la Patria. Pero desde el momento en que el Partido estaba confundiéndose en ese mismo momento con un Estado –el Estado «de la clase obrera»–, y la disciplina partidaria con la obediencia al régimen, la diferencia entre los regímenes comunistas y fascistas tendía a desdibujarse, por lo menos en ese punto preciso. A la manera de Hegel, unos y otros veían en la libertad burguesa, en la figura del individuo preocupado solamente por sus negocios privados o sus asuntos personales, una falsa libertad.

Suele pasarse por alto hasta qué punto este culto del coraje y del martirio tuvo importancia en el primer peronismo. En un texto póstumo de Eva Perón, *Mi mensaje,* escrito probablemente por su *ghostwriter* valenciano, Manuel Penella de Silva, antiguo miembro de la Falange española y lector apasionado de Ernest Hello y Léon Bloy, la primera dama aseguraba que «los fríos no mueren por una causa sino de casualidad», y que esto los distinguía de «los fanáticos»: «Me gustan los héroes, y los santos, y los mártires, cualquiera sea la causa y la razón del fanatismo» porque «el fanatismo convierte la vida en un morir permanente y heroico; pero es el único camino que tiene la vida

---

1. Citado por Claude Lefort, *Éléments d'une critique de la bureaucratie,* París, Gallimard, 1979, p. 44.

para vencer a la muerte.»[1] Los enemigos de los fanáticos formaban parte «de una raza que nunca morirá definitivamente»: «Todos llevamos en la sangre la semilla del egoísmo que no puede hacer enemigos del pueblo y de su causa»,[2] pero hay quienes, como los cobardes de Dante, no tienen para sus vidas otra guía que sus deseos egoístas: «Nunca hacen nada que no sea para ellos» y «nunca entenderán cómo y por qué alguien puede hacer una cosa distinta de la que ellos piensan».[3] En su historia del peronismo, incluso, Evita recuerda la posición de Dante en relación con estos individuos: el florentino, en efecto, «ubicó a los mediocres, a los que no quisieron comprometerse ni con el bien ni con el mal, junto a los ángeles que no fueron ni fieles ni creyentes, pues se dice que una vez los ángeles en el cielo se pelearon» y que «unos estuvieron a favor de Cristo y otros en contra», pero «hubo uno de los ángeles, de esos que abundan tanto, que no se comprometió», entonces Dios no lo puso ni en el cielo ni en el infierno. «Mira y pasa», le dijo Virgilio a Dante, pues «no vale la pena detenerse ante los que no quisieron ni el cielo ni tampoco los aceptó el infierno». «El eterno castigo de los mediocres es el desprecio»,[4] concluye Evita.

Los años 1944 y 1989 parecen haber sido las dos fechas de defunción de la perspectiva rousseauniana acerca del patriotismo, de la posición hegeliana acerca de la libertad o de la posición peronista acerca del compromiso político.

1. Eva Duarte de Perón, *Mi mensaje,* Buenos Aires, Hechos de la Historia, 1984, p. 14.
2. *Ibid.,* p. 13.
3. Eva Duarte de Perón, *La razón de mi vida,* Buenos Aires, Peuser, 1951, p. 37.
4. Eva Duarte de Perón, *Historia del peronismo,* Buenos Aires, Mundo Peronista, 1952, p. 14.

Servir al Estado, morir por la patria, sacrificar la vida, o por lo menos el confort, por la nación o la clase, dejaron de ser propuestas políticas populares. La doctrina *zerodeath* se aplica por primera vez en 1990 durante la Guerra del Golfo, e introduce un cambio crucial: un gobierno no puede exigirle a un individuo que se sacrifique por el Estado. Y el rebrote de los nacionalismos de extrema derecha en muchos países de la Unión Europea no desmiente esta tendencia. Marine Le Pen y Geert Wilders no invocan en sus programas el heroísmo o las virtudes militares, ni exhortan a sus electores a sacrificar sus vidas para servir a la nación. Al contrario, ambos siguen defendiendo la idea, perfectamente liberal, de un Estado al servicio de los ciudadanos, a tal punto que terminan identificándolo con un servicio de protección o de orden y hasta con un servicio de limpieza encargado de desembarazar al territorio nacional de la inconfortable presencia de comunidades inmigrantes. Y aunque algunas medidas, como el restablecimiento del servicio militar, parezcan ser un intento por imponerles a los jóvenes algunos deberes en relación con la patria, los discursos de estos dirigentes no se caracterizan por exhortar a las masas a sacrificar la vida y los bienes privados para defender a la nación sino todo lo contrario. ¿Un oportunismo político provisorio? Puede ser, pero este oportunismo muestra hasta qué punto las poblaciones occidentales se alejaron de aquel fervor patriótico de las primeras décadas del siglo XX. Solamente Gábor Vona, el líder del partido Jobbik de Hungría y de una milicia rural, la Guardia Húngara, parece reivindicar todavía aquella tradición moral, lo que explica por qué, a diferencia de otras organizaciones de la extrema derecha europea, y a pesar de oponerse al ingreso de refugiados sirios a su país, no despotrica contra los islamistas y hasta considera que se trata de «una de las últimas esperanzas de la humanidad contra la mundialización y el liberalismo».[1]

Sostener entonces que existe un choque de civilizaciones entre Oriente y Occidente en torno a estas mismas cuestiones sería muchísimo decir. Hay una tradición occidental del *occidere pro patria,* del martirio, del sacrificio y hasta del fanatismo que se parece como dos gotas de agua a la tradición musulmana. Hay una tradición occidental que vincula la libertad con el cumplimiento del deber, con la defensa de un interés superior al del individuo: el interés de la nación (o, en el caso de la izquierda, el interés de la clase). Y esta relación del individuo con la comunidad se encontró siempre en el centro del debate en torno a la libertad civil. ¿Un individuo es libre cuando cumple con sus deberes de ciudadano o cuando se sustrae a ellos? Para los islamistas no cabe duda: el individuo es libre cuando cumple con sus deberes hacia la comunidad. Solo que esta comunidad ya no se identifica con el Estado, como en el fascismo, sino con el Califato. El individuo no es, para ellos, un ciudadano sino un creyente y aún más: un combatiente de la fe.

No es casual que Huntington haya tenido que precisar un punto clave de su tesis sobre el choque de civilizaciones: cuando él se refería a Occidente, no estaba aludiendo a una civilización que se remontaba a las antiguas Grecia y Roma sino a esa civilización contemporánea dominada por los protestantes anglosajones, es decir, por las democracias liberales o individualistas posteriores a la caída del comunismo. De modo que cuando Huntington compara

1. https://www.egaliteetreconciliation.fr/Gabor-Vona-Jobbik-L-islam-est-le-dernier-espoir-de-l-humanite-dans-les-tenebres-du-globalisme-et-du-21136.html

esta civilización con las demás, donde priman el islam, el budismo, el cristianismo ortodoxo o incluso, como en América Latina, el catolicismo, está poniendo en un mismo plano fenómenos heterogéneos. El Occidente de Huntington no es una civilización sino una ideología política, y una ideología política que se volvió hegemónica en los países miembros de la OTAN pero que se convirtió en un modelo, en una meta, de muchos países del globo. Habría que preguntarse entonces si el islamismo político y sus filiales yihadistas son fenómenos originados en tradiciones culturales diferentes o respuestas políticas contrahegemónicas que se apropiaron de esas tradiciones, reinterpretándolas, para oponerse a la hegemonía estadounidense tras la caída del comunismo. Del mismo modo que muchos nacionalistas enfrentados con las potencias coloniales inventaron una tradición étnica o cultural de sus países que le ofrecía un «ya existíamos antes, pero acallados» a una entidad colectiva que todavía no se había constituido, los yihadistas inventan una tradición religiosa, y una reinterpretación de los textos del pasado, para consolidar su resistencia contra el liberalismo occidental. No es el retorno de ese pasado lo que provocó la coyuntura política actual sino la coyuntura política actual la que provocó el retorno de ese pasado.

El sociólogo iraní Farhad Khosrokhavar resume esta cuestión recordando que «la aparición de los nuevos mártires no proviene de una reproducción de las estructuras tradicionales en las sociedades musulmanes», y «mucho menos de una voluntad de algunas comunidades de oponerse a la modernización». Los nuevos mártires provienen de medios sociales liberados de los «antiguos lazos patriarcales» y se vinculan con un fenómeno observado por los sociólogos de la religión: hay «una nueva religiosidad que introduce una ruptura con las formas tradicionales de vida comunitaria ocultando al mismo tiempo esta ruptura en nombre de una versión más "auténtica" de un islam de los orígenes».[1] Nos encontramos así con el fenómeno de jóvenes que portan un hiyab o un nicab pero que no aceptan que sus padres arreglen sus casamientos y prefieren buscar a sus maridos en los sitios de encuentros de internet reservados para musulmanes donde, además, son reclutadas algunas veces para partir a la yihad. Y la propia elección del martirio ya no se vincula con la defensa de una tribu o una familia sino con una umma tan extensa como abstracta que el candidato a esa muerte conoció probablemente en la web. Pero el aspecto más impactante de la modernidad de estos mártires se encuentra por sobre todo en su gusto por el espectáculo: Salah Abdeslam cuelga en Facebook un video con la bandera del Estado Islámico tres semanas antes del atentado de 13 de noviembre en París; Omar Mateen se saca *selfies* mientras dispara contra sus víctimas en Orlando; Larossi Abballa cuelga su declaración en Facebook mientras se encuentra todavía en la casa de los policías que acaba de asesinar; Adel Kermiche se hace filmar por asistentes a la misa mientras degüella al padre Hamel...[2] Las propias películas del Estado Islámico están hechas como videoclips con un montaje vertiginoso y un ritmo rápido y percutiente. Este costado espectacular, incluso exhibicionista, del yihadismo actual no es un detalle anodino.

Sucede con el yihadismo algo semejante a lo que había sucedido con el fascismo en la primera mitad del siglo XX: se trataba de un fenómeno político aparecido en socieda-

---

1. Farhad Khosrokhavar, *op. cit.*, p. 13.
2. Olivier Roy, *op. cit.*, p. 86.

des modernas, y sobre todo en los medios urbanos de estas sociedades modernas, que no se confundía con un retorno a la tradición o una defensa de los viejos lazos patriarcales. Los fascistas intentan resucitar el viejo ideal heroico y se apropian toda una mitología romántica, wagneriana, que fue enteramente inventada por la modernidad. Borges había visto perfectamente este fenómeno cuando, a partir de los años cuarenta, llevó a cabo una autocrítica de su propio nacionalismo de juventud. En su cuento «El Sur», Juan Dahlmann es, como él, un bibliotecario, nieto de un pastor protestante de origen germano y de un militar criollo muerto durante una batalla con los indios de Catriel. Y desde el principio del cuento Borges nos recuerda que, «a impulso de su sangre germánica», Dahlmann elegiría la muerte de su antepasado «romántico o de muerte romántica». Al final del cuento, no sabemos si Dahlmann murió como su abuelo criollo en un duelo a muerte con un «peón de rasgos achinados y torpes», es decir, con un descendiente de los indios que habrían «lanceado» a su abuelo militar, o si murió como su abuelo pastor, en una cama de hospital, soñando que se batía a duelo en la llanura.[1] ¿Quién es el romántico a fin de cuentas? ¿El aventurero que elige el camino de las armas o el lector influido por las teorías y los relatos del Romanticismo alemán? El cuento termina con esta prodigiosa ambigüedad, pero, para Borges, no cabe duda: los guerreros del pasado, germano o argentino, son una invención o un sueño de los letrados modernos, románticos, de los amantes de las historias de aventuras que ponen, como don Quijote, las armas y el duelo por encima de las letras y la biblioteca. El vínculo de este cuento

1. Jorge Luis Borges, *Obras completas,* Buenos Aires, Emecé, 1974, p. 525.

con la historia del fascismo se pone en evidencia a través de un breve texto titulado «Anotación al 23 de agosto de 1944» en donde Borges cuenta que ese día se enteró, gracias a un germanófilo, que París había sido liberada. Ese mismo germanófilo –su primo Ernesto Palacio, muy probablemente– le había anunciado en 1940 que las tropas del Tercer Reich habían entrado en París. Mientras le anunciaba la noticia, el personaje en cuestión exhibía un júbilo demasiado calculado porque, en el fondo, comenta Borges, estaba aterrado. El 23 de agosto de 1944, a la inversa, venía a transmitirle supuestamente una mala noticia, pero Borges intuyó que se sentía aliviado. Borges elucida este misterio diciendo que estos fascistas son gente educada en cierta cultura letrada de Occidente y que «ser nazi (jugar a la barbarie enérgica, jugar a ser un *viking*, un tártaro, un conquistador del siglo XVI, un gaucho, un piel roja) es, a la larga, una imposibilidad mental y moral». Hitler, concluye Borges, quería ser derrotado.[1] El escritor argentino interpreta esta contradicción en términos de imposibilidad cultural. Pero la clave se encuentra en la dialéctica entre lo mirado y la mirada, entre el actor y el espectador: cuando Dahlmann se identifica con su abuelo criollo, cuando se dispone a morir en un duelo de puñales, está representando un papel para otro, a saber: su abuelo germano. Y algo similar ocurre con el joven muyahidín: él juega, como decía Gilles Kepel, a ser un soldado de Mahoma o Saladino, e interpreta este papel para la mirada de otro, para seducir a otro. ¿A quién? Al occidental moderno, sin duda, a quien no cesa de dirigirle los videos, las fotos, las declaraciones, las provocaciones. La famosa frase de Bin Laden que todos los yihadistas sacan en algún momento a relucir: «Noso-

1. *Ibid.*, p. 727.

tros amamos la muerte como vosotros amáis la vida» no significa otra cosa que: «nosotros somos capaces de hacer eso que vosotros, occidentales, no sois capaces de realizar, atados como estáis a vuestras pequeñas vidas y vuestros pequeños bienes, a vuestro confort y vuestros créditos, lo que pone en evidencia nuestra superioridad». ¿Y esa frase no es un desafío a esos estadounidenses que, viendo a su país como la «patria del valiente», hacen la guerra a distancia y sustrayéndose al combate?

Desde la Antigüedad, y Borges no lo ignoraba, el señor es quien se bate por su libertad hasta la muerte; un siervo, en cambio, es quien no se atreve a hacerlo. Por eso Borges le atribuyó siempre una importancia mayor a la conducta de un sujeto en el momento preciso de enfrentarse con la muerte, como en la famosa «Milonga del muerto»:

> Él solo quería saber
> si era o si no era valiente.
> Lo supo en aquel momento
> en que le entraba la herida.
> Se dijo: «no tuve miedo»,
> cuando lo dejó la vida.
> Su muerte fue una secreta
> victoria...[1]

Las actitudes del señor y el siervo habían dado incluso lugar a dos géneros distintos: la epopeya era el género de los señores, o de los que arriesgan sus vidas; la comedia, por el contrario, era el género de los siervos, de los que no arriesgan su vida. La sociedad burguesa había sido, para muchos pensadores, el paradójico triunfo de los siervos so-

---

1. Jorge Luis Borges, *Los conjurados,* Madrid, Alianza, 2000, p. 47.

bre los señores o de los pícaros sobre los hombres de honor. Los drones, en este aspecto, eran inventos de los pícaros porque les permitía batirse por su libertad sin necesidad de arriesgar su vida. De modo que queda el dilema: ¿una persona es libre cuando no tiene que servir a otra o en el momento mismo en que se bate para no servir a otra, es decir, cuando logra vencer el miedo a la muerte? Dilema que se remonta a la Antigüedad: ¿alguien es un señor o un siervo por naturaleza en la medida en que se atreve o no a enfrentar la muerte para defender su libertad, o simplemente ocupa ese lugar en la medida en que resulta vencedor o vencido en un duelo a muerte? Para Abdullah Azzam o Bin Laden no cabe duda, una persona solo es libre cuando presta testimonio arriesgando su vida para defender su fe: una persona no tiene una mentalidad servil cuando se pone al servicio de una causa y entrega su vida por ella. Que los occidentales ocupen el lugar de los señores no significa nada desde el momento en que no pusieron en riesgo sus vidas para conquistar ese lugar: hicieron correr ese riesgo a otros, y esos otros pueden ser, eventualmente, las máquinas.

EL RETORNO DE LA YIHAD

Así hablaba Al-Zawahiri

Nacido en 1951 en el seno de una familia de clase alta de El Cairo, Ayman al-Zawahiri se recibió de médico, como su padre, se interesó en la teología, como su abuelo, y organizó a los quince años un grupúsculo islamista, como ningún otro miembro de su familia se había atrevido a hacerlo. Era la época en que los islamistas se batían contra el régimen de Nasser y el líder de los Hermanos Musulmanes, Said Qutb, acababa de ser condenado a la horca. Pero Al-Zawahiri solo tomaría la decisión de partir a la yihad en la década de los ochenta y después de una experiencia traumática en las cárceles del régimen. Como muchos otros islamistas, este cirujano egipcio fue arrestado y torturado por la policía secreta en 1981, después del asesinato de Anuar el-Sadat durante un desfile militar. Hay quienes aseguran incluso que Al-Zawahiri habría entregado, bajo los tormentos, a su mentor, Isam al-Qamari, un dirigente que moriría poco después en una emboscada de la policía. Cuando salió por fin de la prisión, Al-Zawahiri escribió un *Libro negro* sobre la tortura bajo el régimen de

Hosni Mubarak, basado principalmente en los informes de Amnistía Internacional, y se marchó a Afganistán con su esposa y sus hijos para unirse a los muyahidines. Pero cuando llegó a Peshawar en 1986, Al-Zawahiri no se vinculó con Abdullah Azzam sino con Osama bin Laden. El egipcio no veía con buenos ojos la alianza del jeque palestino con los norteamericanos y tenía pensado convencer al joven contador saudí de que la yihad de proximidad carecía de eficacia política: había llegado el momento de emprender la yihad global contra los occidentales. Azzam había combatido durante años a los regímenes nacionalistas laicos surgidos de las revoluciones de independencia. Y como estos regímenes habían sido apoyados, en muchos casos, por la Unión Soviética, el palestino no había tenido inconveniente en aliarse con los estadounidenses. Al «enemigo cercano» Azzam lo llamaba *taghut,* vocablo árabe que significa también «tirano» e «ídolo», en el sentido que esta palabra asume en el español «idolatría», una divinidad falsa. De modo que un tirano no era necesariamente un autócrata despótico (un «faraón», como recordaba el léxico del yihadismo de esos años). Para Azzam, como para Said Qutb o el pakistaní Abul Maududi, esos *tawaghit* eran por sobre todo el socialismo y el nacionalismo. Y para combatir a estos enemigos cercanos los islamistas no habían dudado en aliarse con quienes tenían el mismo objetivo que ellos.

Para reconstruir algún día el califato e instaurar la sharia, Qutb pensaba que había que empezar a combatir a esos «ídolos de piedra» en las universidades de las principales ciudades musulmanas, desbordantes de estudiantes izquierdistas y tercermundistas que esperaban desarrollar económicamente sus países desarticulando el régimen de dependencia neocolonial con las naciones más desarrolladas. El campus era, para el egipcio, el principal campo de batalla. Y su estrategia resultaría fructífera: entre finales de los años ochenta y principios de los noventa los islamistas impusieron su hegemonía ideológica en la universidad, remplazando a los antiimperialistas izquierdizantes. Para lograr esta proeza, las organizaciones islamistas contaron con el generoso financiamiento de las monarquías wahabitas del Golfo. No es raro entonces que, por aquellos tiempos, Kissinger, Carter o Reagan hayan decidido apoyarlos. Ellos también combatían el socialismo y el nacionalismo. No lo hacían por las mismas razones, desde luego. Los islamistas veían en esos ídolos un obstáculo para la mundialización de la religión; los norteamericanos, para la mundialización del mercado. Aquellos ídolos, no obstante, se derrumbaban a pasos agigantados con la llegada de la nueva década y la llamada mundialización. De modo que la estrategia de Azzam perdía su razón de ser.

Tras la muerte de Azzam, Bin Laden privilegiaría las posiciones antinorteamericanas de Al-Zawahiri. En vez de aliarse con los occidentales para combatir a socialistas y tercermundistas, Al-Zawahiri proponía aliarse con los decepcionados del socialismo y el nacionalismo para combatir a los cruzados y sus aliados sionistas. «El eslogan que la umma comprendió perfectamente, y al que reaccionó durante los últimos cincuenta años», explicaba el médico egipcio hacia finales de los noventa, «es el llamado a la yihad contra Israel.» Además, «durante esta última década la umma se movilizó unida contra la presencia norteamericana» y «reaccionó favorablemente al llamado de la yihad contra los norteamericanos», de modo que «el movimiento yihadista conquistó una posición central a la cabeza de la umma cuando propagó el eslogan de su liberación contra los enemigos extranjeros y pintó esta liberación como un combate del islam contra el sacrilegio y los infieles». Para sacar el conflicto del interior de cada país musulmán y convertirlo en un antagonismo entre la umma y los cruzados, Al-Qaeda trató de mostrarle «al pueblo musulmán que cuando un régimen [nacional] nos reprime, es para defender a sus amos americanos y judíos», y para ello, había que dejar al descubierto «su horrible rostro, el de un poder venal y devoto de los ocupantes, enemigos de la umma».

Los socialistas y los nacionalistas proponían una ruptura económica y política con el capitalismo occidental, pero no extendían esa ruptura al dominio cultural, o al menos así lo entendían muchos yihadistas. Esta revolución cultural pasaba, para Qutb o Maududi, por un retorno del Corán. Toda una serie de pensadores islámicos, como el escocés Ian Dallas, alias Abdalqadir as-Sufi, líder de una organización llamada Murabitun, en honor a los monjes soldados que defendían la fe en el Magreb, estiman que la decadencia de las democracias occidentales, desencadenada principalmente por el movimiento de liberación de las mujeres, anuncia el renacimiento del islam. Con el pretexto de que cada uno tenía derecho a opinar lo que quisiera, como si no existiera una única verdad, las democracias occidentales habían favorecido la mentira y la manipulación periodística. Con el pretexto de que no existían valores universales, y de que cada uno podía defender los suyos, esos regímenes habían favorecido la corrupción, el libertinaje y la multiplicación de las sectas. Con el pretexto de una igualdad entre hombres y mujeres, habían debilitado las actitudes masculinas –coraje y cumplimiento del deber– y reforzado las femeninas –seducción y protección maternal–. La revolución coránica significaba entonces restaurar la idea de una verdad universal, de unos valores eternos y de una autoridad masculina: el retorno de un poder severo basado en la disciplina y la firmeza en tiempos de poderes laxos basados en la seducción publicitaria y el cuidado de la vida, es decir, el *zerodeath*. A los poderes que gobernaban atrayendo el deseo de los hombres, había que contraponerles poderes que mantuvieran esos inexorables deseos a raya. Y por eso la revolución cultural propuesta por los islamistas supone una sustitución de los ídolos o los fetiches de la cultura occidental, y de todas esas figuras fascinantes que subyugan la voluntad de los hombres, por la autoridad de la ley. En lugar de la imagen, la letra. En lugar del consumismo, el ascetismo. En lugar de los poderes satánicos de la tentación y la licencia, los poderes divinos de la restricción y la privación. Y por eso Al-Zawahiri y los suyos tuvieron que desprenderse de toda una tradición mística del islam que vinculaba la experiencia de Dios con la experiencia erótica: como ocurría en el Cantar de los cantares o en los místicos carmelitas, Alá se presentaba para muchos como el *mahbub* o «bien amado», y toda una tradición musulmana, compatible con la idea de Bien platónico o de Motor Inmóvil aristotélico, entendía que la divinidad gobernaba a los seres a través de la atracción o la seducción, es decir, conduciéndolos, por el amor, hacia sí. La revolución cultural del islamismo es, en este sentido, una revolución sexual, lo que significa, en este caso, un retorno a la más estricta dominación masculina: los hombres armados y las mujeres veladas.

Retomando una fórmula de un teólogo sunita del siglo XIII, Ibn Taimiyya, Al-Zawahiri preconizaba entonces la alianza entre los musulmanes y la hostilidad hacia los infieles. El que «toma por amigos» a los infieles, decía un versículo del Corán, «se convierte en uno de ellos», como «el que hace alianza con los judíos y los cristianos en vez de hacerlo con los creyentes se convierte en uno de ellos» y «el que hace alianza con ellos y los sostiene contra los creyentes es de su religión y de su comunidad» (Corán 5, 51-58). El hombre, añadía un *hadit* atribuido al Profeta, «es de la religión de su amigo, de modo que tened mucho cuidado de con quién os hacéis amigos». Y si Al-Zawahiri evoca una y otra vez estos pasajes de los textos sagrados, se debe a que está condenando la alianza que Azzam había sellado con los norteamericanos para oponerse a los rusos y sus tercermundistas. Incluso los Hermanos Musulmanes se habían aliado con el rey Faruk para enfrentarse con el partido nacionalista Wafd, mientras que Hasan al-Banna le había prestado asistencia a este mismo rey para vencer a los comunistas.[1]

Al-Zawahiri solo conservó un principio fundamental de los textos de Abdullah Azzam: la yihad es una obligación individual del musulmán cada vez que la umma está en peligro. Pero encontró en los textos sagrados otras dos obligaciones: «Dios ordenó la alianza entre los musulmanes y explicó que se trataba de una obligación de la fe», y «prohibió la alianza con los infieles», de modo que hacerse amigo de ellos constituye un imperdonable caso de apostasía. En vez de enfrentar a los musulmanes religiosos con los socialistas, o a los islamistas con los nacionalistas, Al-Zawahiri proponía unirlos en una nueva alianza contra el gran Satán occidental. El cirujano egipcio pensaba que esta alianza entre musulmanes contra el enemigo común terminaría haciendo regresar a muchos musulmanes laicos a la religión de sus ancestros, y no estuvo tan desacertado.

1. Al-Zawahiri, «La Moisson amère», en Gilles Kepel, *Al-Qaida...*, ed. cit., p. 247.

La organización Al-Qaeda en Irak, la misma que a partir de 2014 se convirtió en el Estado Islámico de Irak y Sham, está mayoritariamente compuesta por los soldados baazistas del ejército de Sadam Husein, de ascendencia sunita, sí, pero fieles a las posiciones nacionalistas del régimen hasta el año 2006. Es más, esos mismos soldados combatirían después de la derrota del régimen a los grupos que cometían atentados en el territorio iraquí, y lo harían en las filas del Movimiento del Despertar y en Hijos de Irak bajo el mando del general estadounidense David Petraeus. Pero terminarían cometiendo unos años más tarde atentados similares en nombre del Corán y con el objetivo de erigir el califato, convirtiéndose una vez más, pero por diferentes razones, en enemigos acérrimos de los norteamericanos. De modo que en un lapso de ocho años esos militares lucharían, primero, para defender el régimen de Sadam Husein de la invasión norteamericana; a continuación, y aliados con sus enemigos de ayer, para proteger a los iraquíes de los ataques islamistas; finalmente, aliados con los islamistas sunitas para combatir a esos chiitas que terminaron aliándose con los iraníes y los norteamericanos. Con Sadam Husein luchaban por el Estado nación. Hoy, por el Estado islámico. Y estas conversiones no se produjeron por la prédica convincente de los imanes sunitas sino por las sucesivas coyunturas políticas: la invasión norteamericana, el triunfo de los Estados Unidos contra el régimen baazista y la elección, apoyada por Estados Unidos, del primer ministro chiita Nuri al-Maliki, quien decidiría expulsarlos de las fuerzas armadas para remplazarlos por sus propios correligionarios. Pero también porque esos antiguos nacionalistas se percataron de que la nación iraquí, dividida entre chiitas, sunitas y kurdos, había dejado de ser viable. En un lapso de ocho años Estados Unidos

143

ocuparía, primero, el lugar de enemigo del Estado nación del Partido Baaz Árabe Socialista de Sadam Husein, a continuación el de aliado contra el terrorismo que proseguía los combates contra el ocupante pero en nombre del islam, de nuevo el de enemigo desde el momento en que Washington decidió apoyar, inesperadamente, al partido chiita, aliado, por otra parte, de Irán. Estos cambios en las coyunturas condensan, en unos pocos años, las mutaciones en los enemigos de los propios Estados Unidos: de los regímenes nacionalistas panárabes socializantes a los movimientos islamistas. Y explican también por qué los combatientes del Estado Islámico poseen todavía hoy fusiles M-16 y hasta carros de combate provenientes de la *US Army*.

Estos desplazamientos de las alianzas y los antagonismos, de los amigos y enemigos, nos permiten entender además por qué los islamistas convirtieron a la democracia en el nuevo «ídolo de piedra» que era preciso erradicar y que remplaza al socialismo y el nacionalismo en las diatribas de Qutb. Organizaciones como los Hermanos Musulmanes no cuestionaban en otros tiempos la democracia: en primer lugar, porque esperaban llegar al poder por la vía electoral; en segundo lugar, porque se presentaban como aliados de las democracias occidentales. Para Al-Zawahiri, en cambio, la democracia es una falsa religión porque no hay más soberano que Alá, y la voluntad de Alá, la legislación de Alá, está escrita, desde toda la eternidad, en el Corán y en la Sunna. La veneración electoral del pueblo, la apoteosis democrática del pueblo constituye una falta comparable con la adoración de un Dios diferente de Alá. Y como el primer pilar del islam es la adoración de un solo y único Dios, la democracia constituye un pecado imperdonable. Combatir la democracia significa combatir también a los responsables de la occidentalización de la umma y a las propias potencias occidentales que tratan de imponerles la democracia, a fuerza de bombardeos, a los pueblos musulmanes.

Musulmanes del mundo, uníos

A diferencia de Azzam, Al-Zawahiri no se interesaba tanto en la yihad como camino de redención personal del creyente sino como herramienta política de organización del islam. Azzam pensaba, a la manera de Qutb o Maududi, que la yihad no era una circunstancia fortuita ni un fenómeno pasajero en la vida de los musulmanes porque «el que muere sin haber combatido ni haber preparado su alma para el combate, muere sobre una rama de hipocresía».[1] Maududi calificaba de «hipócritas», precisamente, a los musulmanes que se negaban a combatir por las armas a las fuerzas del mal o que se negaban a defender la fe a través del sacrificio, porque estos musulmanes, para él, terminaban aliándose con los infieles y traicionando a los suyos, de modo que tenían el estatuto de enemigos potenciales dignos de suprimirse. Al-Zawahiri no abandona esta interpretación de la yihad. Pero le añade dos dimensiones políticas: en primer lugar, los musulmanes se alían cuando tienen un enemigo común; en segundo lugar, la vanguardia en el combate contra ese enemigo común se convierte en el «representante general»[2] de la umma en su conjunto,

1. Abdallah Azzam, «Rejoins la caravane», en Gilles Kepel, *Al-Qaida...*, ed. cit., p. 163.
2. «No hay una clase de la sociedad que pueda interpretar ese papel [revolucionario] sin suscitar un momento de entusiasmo en ella misma y en la masa, un momento en que ella fraterniza con la socie-

sin que esta representación implique un proceso electoral. La umma se reúne y, como consecuencia, existe, gracias a la yihad, y esta guerra pone a los yihadistas a la cabeza del islam. El médico egipcio aludió a esta estrategia política en una de sus obras más populares, *Caballeros bajo el estandarte del Profeta,* y le dedicó un ensayo entero a aquel principio establecido por el kurdo Ibn Taimiyya en la época de la invasión de los mongoles: *La alianza y la hostilidad.* La alianza entre los musulmanes se refuerza gracias a la hostilidad contra los infieles, de modo que los musulmanes no deben colaborar en ningún caso con cristianos y judíos, sino asistir a sus hermanos cuando aquellos los atacan. Al-Zawahiri estaba condenando así las posiciones de los saudíes, los jordanos o los afganos aliados de Estados Unidos, pero también develando la estrategia de su organización, Al-Qaeda. Algunos años más tarde, el jefe de Al-Qaeda en Irak, Abu Musab al-Zarqaui, anunciaría que «la comunidad musulmana mundial solo vivirá del aroma del martirio y de la sangre vertida por Alá», una manera de sugerir que la unidad de la umma, la existencia misma de la umma dependía de la yihad. No había umma sin yihad. La umma no sería nada, en consecuencia, si no tuviera enemigos. El mismo enemigo que amenaza su existencia, la mantiene unida. Porque, como cualquier otra comunidad, esta se solidariza en el instante de peligro. El jefe de los talibanes, el mulá Omar, ya le había agradecido al presiden-

---

dad en su conjunto y converge con ella, y en el que se la siente y se la reconoce como el representante general cuyas reivindicaciones y derechos son en verdad las reivindicaciones y derechos de la propia sociedad y se convierte en el cerebro social y el corazón social», Karl Marx, *Critique de la philosophie du droit de Hegel,* ed. bilingüe, París, Aubier, 1971, p. 90.

te Bush la invasión de su país: «Somos benditos, realmente», dijo en un comunicado de 2001: «Nunca en nuestras plegarias más locas hubiéramos esperado un regalo tan precioso como Bush.» Y en unas «Recomendaciones tácticas» escritas a finales de 2002 Osama bin Laden destacó la importancia que los atentados del 11 de Septiembre habían tenido para la cohesión de los musulmanes, dado que

> tomaron conciencia de la importancia de la doctrina de la alianza y la hostilidad: la fraternidad entre los musulmanes se reforzó, lo que constituye un paso de gigante hacia la unificación de todos los musulmanes bajo el eslogan de la unicidad de Dios, con el propósito de establecer el califato bien guiado, si Dios quiere; en resumen, el mundo pudo constatar que Estados Unidos, esta fuerza opresiva, puede ser atacada, humillada, rebajada...[1]

Como lo señalaba el coronel suizo Jacques Baud, el impresionante despliegue de fuerzas occidentales en Oriente Medio después de los atentados de 2001 no tuvo el más mínimo efecto disuasivo sobre los yihadistas. Sus contingentes, por el contrario, fueron incrementándose como nunca en la historia del yihadismo moderno. Abu Musab al-Suri explicaba en su *Llamado a la resistencia islámica mundial* que entre los factores favorables para la movilización de la umma se encuentra, en primer lugar, «la resistencia en respuesta a una agresión extranjera, a la cual pueden añadirse razones religiosas, políticas, económicas y sociales para hacer una revolución y la yihad». «Es lo que la literatura sobre la guerrilla», concluye, «llama "clima re-

---

1. Oussama ben Laden, «Recommandations tactiques», en Gilles Kepel, *Al-Qaida...*, ed. cit., p. 87.

volucionario", y que nosotros denominaremos aquí "clima de la yihad".» Por eso Al-Qaeda buscaba a cualquier precio que los ataques occidentales contra los objetivos musulmanes se multiplicaran o que las extremas derechas siguieran hostigando en estos países a los inmigrantes provenientes de las tierras del islam. El martirio de los yihadistas era una pérdida para la organización, no cabe duda, pero a través de estos sacrificios Al-Zawahiri esperaba consolidar los lazos entre musulmanes y colocar al estrecho círculo de los combatientes de Al-Qaeda en los representantes del conjunto de la umma.

La clave consistía en mostrar que Al-Qaeda no se enfrenta nunca a los otros musulmanes ni promueve guerras fratricidas. Porque tan pronto como algún grupo musulmán se opone a Al-Qaeda, se convierte en un aliado de los enemigos de la umma, de modo que la supuesta guerra en el interior de la umma asume el aspecto de una guerra con un enemigo «enmascarado» de la umma en su conjunto. Con Al-Qaeda no hay *fitna* sino solamente yihad. O, si se prefiere, la *fitna* es una yihad encubierta. Como consecuencia de esto, Al-Qaeda defiende siempre a la umma y se convierte en el mejor representante de sus intereses. Al-Zarqaui sigue, en este punto, a su maestro Al-Zawahiri. «Las masas musulmanas», escribe remedando el léxico maoísta, «solo se rebelan contra un ocupante extranjero, sobre todo si se trata de un judío y, en menor medida, de un norteamericano.» Esto explica, según él, «el sostén popular del que gozan los muyahidines en Irak». En cuanto al aspecto confesional, «llega en segunda posición después de la invasión extranjera», y sería una causa más débil, de modo que «el despertar de los sunitas iraquíes contra los chiitas no habría tenido la misma fuerza ni el mismo vigor sin la traición de los chiitas y su colusión con los norteamericanos, como su acuerdo para permitir a los norteamericanos ocupar Irak a cambio de una transferencia del poder» a manos de los chiitas.

Michel Foucault había observado un fenómeno similar durante la llamada revolución de los ayatolás en Irán. En uno de sus artículos de *Corriere della Sera,* el filósofo se asombraba de que, en ese país inmenso, «con una población diseminada en torno a grandes mesetas desérticas», apareciera «la misma protesta, y se expresara la misma voluntad en un médico de Teherán y en un mulá de provincia, en un obrero del petróleo, en un empleado de correo y en una estudiante con chador». Esta voluntad tenía, para él, algo de desconcertante porque «se trata siempre de una misma cosa, de una cosa precisa: que se vaya el sah». Pero esta cosa precisa, para el pueblo iraní, «quería decir todo: el fin de la dependencia, la desaparición de la policía, la redistribución de la renta petrolera, el combate contra la corrupción, la reactivación del islam, otro modo de vida, nuevas relaciones con Occidente, con los países árabes, con Asia, etc.». El sah era mucho más que un individuo. Era el aliado de Estados Unidos, el representante de la occidentalización y la modernización, que se habían convertido en sinónimos de descomposición de la sociedad y envilecimiento de los individuos. Y esto explicaba, para Foucault, el papel del personaje «casi mítico» que era Jomeini. «Ningún jefe de Estado, ningún líder político, ni siquiera sostenido por todos los medios de comunicación del país, puede jactarse hoy de ser el objeto de un apego tan personal y tan intenso.» Jomeini «es el punto de una fijación colectiva», y esta fijación se explicaba, en buena medida, porque Jomeini no hablaba mucho: se contentaba con decirle «no» al régimen del sah, situándose así en una relación de antagonismo con él. Que se fuera el sah y que volviera el ayatolá: esta sustitución de un personaje por otro constituía una promesa de cambio radical de situación en ese preciso momento. Todo el porvenir parecía depender entonces del regreso de ese líder.[1]

Alguien podría alegar que se trata de una definición totalitaria de la política, dado que los enemigos de la organización se convierten, para Al-Qaeda, en enemigos de la umma. Pero la política misma, aunque sea pacífica y pluralista, es totalitaria. Si un partido político se presentara como el representante de una parte de la sociedad, de una clase o de un grupo cualquiera, ya no sería un partido político sino un gremio, un sindicato o una asociación civil. El corporativismo fascista, justamente, pretendía suprimir la política reduciendo la representación social a organizaciones sectoriales, y lo hacía, paradójicamente, en nombre de la unidad de la nación o de la sociedad en su conjunto, de modo que, para terminar con las divisiones políticas de la sociedad, asumía una posición política. Hay política, en efecto, cuando un partido no se limita a hablar en nombre de un grupo particular sino de la nación en su conjunto. Un discurso es político cuando la primera persona del plural, «nosotros», puede aludir tanto al conjunto del partido como al conjunto del pueblo. Es cierto que una parte de la izquierda predicó durante décadas una «política de clase», pero esta clase era, precisamente, la clase cargada de «cadenas radicales», la clase cuya emancipación coincidía con la emancipación de todas las clases.

Ahora bien, un partido solo puede arrogarse esta representatividad en la medida en que se opone a los enemigos del pueblo, del pueblo en su totalidad. Expresiones

1. Michel Foucault, «Le chah a cent ans de retard», en *Dits et écrits*, París, Gallimard, 1994, p. 680.

tan trilladas como «luchadores populares» o «combatientes del campo popular» resultan, en este aspecto, pleonasmos, dado que el pueblo se define, políticamente, por una lucha y una lucha por la reparación de un mal, un combate para que desaparezca una situación injusta o intolerable. Un combate político, en este aspecto, es siempre una rebelión: hasta los políticos considerados conservadores hablan en nombre del pueblo y denuncian un *statu quo* contrario a sus intereses. Los nazis mismos tuvieron que inventar el fantasma de un complot judío que había minado la unidad del pueblo alemán y socavado, a través de la usura financiera, la economía del Reich. Hitler exhortaba a los alemanes a liberarse de esta «opresión» a través de una vasta revolución nacional. Si el pueblo es el pueblo en lucha, y si los luchadores son siempre populares, se debe a que una multitud heterogénea de clases o grupos solo puede unirse cuando tiene un enemigo común, y el «punto de fijación colectiva» de esa multitud es precisamente la clase, el grupo o el individuo que mejor encarna la posición antagónica con los enemigos del pueblo. Si todas las desgracias vividas por un pueblo, desde la pobreza hasta la corrupción, se explican por el poder de ese enemigo, quien se enfrente decididamente a él, quien prometa suprimirlo, va a representar el fin de esos tiempos oscuros. Yasser Arafat ocupó ese lugar en Palestina hasta que firmó los Acuerdos de Oslo. Desde el momento en que puso fin al combate contra los ocupantes israelíes, y estos no cumplieron el acuerdo, Arafat fue sustituido por Ahmed Yasín, el muy religioso fundador de Hamás, a quien Israel abrió oportunamente las puertas de la prisión en 1997.

La condición para que haya un pueblo consiste, paradójicamente, en que se divida. Un pueblo solo aparece como tal cuando hay disensión, rebelión o antagonismo. Que un partido, una vez llegado al poder, acepte convivir con su adversario, que tolere a aquellos mismos que, en su narración, se presentan como los enemigos del pueblo, no significa que no sea totalitario. La democracia pluralista, en todo caso, consiguió que ese antagonismo no se convirtiera en una guerra. Sabiduría de la democracia: cada partido necesita que la oposición siga ahí porque solo puede convertirse en el representante de la totalidad del pueblo –en lo que sus partidarios consideran el representante de la totalidad del pueblo– en la medida en que pueda seguir contando con un adversario político. Los sistemas totalitarios se precipitan necesariamente a la guerra contra un enemigo externo o a las purgas contra los enemigos internos. Al-Qaeda o el Estado Islámico disponen de la yihad, y como esta yihad, si se considera el desequilibrio de fuerzas, va a perpetuarse, ninguna de las dos organizaciones corre el riesgo de encontrarse a corto y mediano plazo sin un imponente antagonista. La democracia conjuró este inconveniente «respetando» a sus opositores, lo que no significa que los partidos democráticos no sigan provocando, cada tanto, alguna guerra con un enemigo exterior, cuando se trata de evitar un conflicto interno, o que no denuncien a algún traidor del interior cuando tratan de que el gobierno atraviese alguna crisis. Lo que siguen contando esos partidos, sin importar si son democráticos o no, es una fábula o un mito en el cual el pueblo debe enfrentarse a algún enemigo para alcanzar la salud, la salvación o la liberación.

Una historia profética

El Éxodo cuenta que los hebreos tuvieron que salir precipitadamente de Egipto y que, por este motivo, se vieron obligados a llevarse la masa de los panes antes de que fermentara. Para conmemorar esta liberación de «la casa de la esclavitud», comerían en adelante panes sin levadura *(matze)* durante siete días al año (Éxodo 13, 6). Un valor simbólico similar tiene el consumo de hierbas amargas *(maror)*, recuerdo de los cuatro siglos de servidumbre en tierra de los faraones. Pero la fiesta de Pésaj, explicaba Giorgio Agamben, no se torna solamente hacia el pasado sino también hacia el futuro: cada uno de los gestos de la liturgia pascual conserva la memoria de los acontecimientos vividos en Egipto al tiempo que prefigura, pero de manera misteriosa, la redención mesiánica del pueblo hebreo.[1] El Éxodo cuenta la historia del pasado de los judíos pero anuncia a la vez oscuramente su porvenir cuando el nuevo Moisés, el Mesías, los libere de la «casa de la esclavitud». Pablo de Tarso se inspiró seguramente en esta tradición cuando propuso una exégesis de las escrituras sagradas que consistía en leer cada episodio de la Torá como si fuera una prefiguración de la llegada de Cristo. Para él, el sentido de estas alegorías proféticas se reveló retrospectivamente con la llegada de Jesús. Cuando leían la Torá, los judíos percibían esos acontecimientos futuros pero, a su entender, «como a través de un espejo, enigmáticamente». Los cristianos, en cambio, los veían «cara a cara» porque se trataba, para ellos, de los acontecimientos presentes. Pero para quienes piensan que la redención no tuvo lugar hace dos mil años, y que la humanidad sigue presa en «la casa de la esclavitud», esos episodios pasados siguen siendo una premonición enigmática de la redención futura. A esto se refería Walter Benjamin cuando aseguró que solo la hu-

1. Giorgio Agamben, *Le temps qui reste*, París, Rivages, 2000, p. 121. [Trad. esp.: *El tiempo que resta*, Madrid, Trotta, 2006.]

manidad redimida o liberada puede citar íntegramente el pasado, «como si cada uno de los instantes que vivió» se convirtiera *«en une citation à l'ordre du jour»*. Ese día, escribió en sus tesis póstumas sobre la historia, sería «el día del Juicio Final».[1]

Entre los actuales islamistas, estos episodios originarios y premonitorios ya no son la salida de Egipto y la llegada a la Tierra Prometida, sino la hégira y la constitución de la umma con los primeros califatos «bien guiados» por los sucesores del Profeta. Como explica Gilles Kepel, «el movimiento islamista, sin importar la tendencia, aspira a "recomenzar", a retomar, a representar de nuevo el paradigma original que encarna el gesto del Profeta» y su lucha contra sus enemigos: el mundo de la impiedad. Los ideólogos de Al-Qaeda estiman entonces que su papel en esta Tierra consiste en realizar «un remake de ese filme original» en donde los caballeros del Profeta vencieron a las superpotencias de la época: al Imperio persa, primero, y bizantino, después.[2] Bajo la «buena conducción» de Abdullah Azzam, los muyahidines habían derrotado en 1989 al imperio soviético; solo les quedaba terminar ahora con el imperio norteamericano. Y el derrumbe de las Torres Gemelas anunciaba ese final. Aunque esta visión de la historia, concluye Kepel, sea de un simplismo irrisorio, «posee una capacidad de movilización» muy eficaz porque se arraiga en un mito compartido por todos los musulmanes.

Así, en un video posterior a los atentados del 11 de Septiembre, Al-Zawahiri les dijo a sus correligionarios: «Para

1. Walter Benjamin, *Tesis sobre la historia y otros fragmentos,* Rosario, Prohistoria, 2000, p. 67.
2. Gilles Kepel, *Fitna,* París, Gallimard, 2004, p. 118. [Trad. esp.: *Fitna. Guerra en el corazón del Islam,* Barcelona, Paidós Ibérica, 2004.]

vosotros, musulmanes, es el día verdadero, el día sincero, el día de la prueba: llegó vuestro día de gloria.» «Los nuevos coraichitas» (nombre de la tribu que obligó a Mahoma a partir de La Meca y que unos años más tarde sería derrotada por él en la batalla de Badr) «se unieron contra los musulmanes, a la manera en que los antiguos coraichitas y sus mercenarios se reunieron contra los musulmanes en Medina.» A los musulmanes actuales, como consecuencia, no les queda otra solución que imitar a los «compañeros del Profeta»: «he aquí la nueva epopeya del islam y el nuevo combate por la fe, como las grandes batallas de los Cuernos de Hattin» (cuando Saladino venció a los cruzados), «de Ain Yalut» (cuando los mamelucos egipcios vencieron a los mongoles) «y como la conquista de Jerusalén» (cuando los musulmanes les arrebataron esta ciudad a los bizantinos). Y sin ocultar el estatuto narrativo de su exhortación Al-Zawahiri concluyó: «La epopeya empieza de nuevo: ¡corred entonces a defender el honor del islam!»[1]

A la hora de presentar el antagonismo entre los musulmanes y los norteamericanos, Al-Zawahiri recurre a un conflicto del pasado entre los compañeros del Profeta y los coraichitas o entre Saladino y los cruzados, como si estas pugnas hubiesen anunciado, oscuramente, la lucha actual, o como si la significación de esas luchas del pasado se hubiese esclarecido cuando estalló la guerra presente. A un elemento que significa algo, los lingüistas suelen llamarlo significante, y a lo que ese elemento significa, significado. El significante, digamos, es la palabra que buscamos en el diccionario, mientras que el significado es la definición que el diccionario nos propone. En el diccionario de Al-Zawahiri, los significantes se encuentran en el pasado y los

1. Citado por Gilles Kepel, *ibid.*, p. 119.

significados en la actualidad, de modo que para saber qué significan, o qué profetizan, los episodios narrados en el Corán o la Sunna, hay que observar qué está ocurriendo en el presente. Si buscamos en este diccionario un significante del pasado –«guerra entre los compañeros del Profeta y los coraichitas», por ejemplo–, vamos a encontrar varios significados, entre ellos: «guerra de los mamelucos contra los mongoles», «batalla de los musulmanes contra los bizantinos» o «yihad de los musulmanes contra los Estados Unidos». ¿Esto significa que se trata de una guerra religiosa? Tal vez el conflicto entre los compañeros del Profeta y los coraichitas haya tenido un tenor religioso porque giraba en torno a qué leyes iban a regir la comunidad y a qué Dios debían adorar sus miembros. Puede pensarse también en las cruzadas como una guerra de este tipo aunque el fervor religioso se encontrara, sobre todo, del lado de los cruzados que pretendían conquistar la tumba vacía de Cristo. Pero la guerra entre la umma y los Estados Unidos no gira actualmente en torno a una cuestión semejante sino, como Al-Zawahiri reconoce, en torno al problema de la intromisión de Estados Unidos en los países del islam. Se trata, como consecuencia, de una guerra puramente política. La religión en este caso –y tal vez en todos los casos– es el pasado de la política. No porque la política haya sido en otros tiempos religión, como aseguran los partidarios de un origen teológico de los conceptos políticos, sino porque la religión se ve elevada al estatuto de significante pasado, de acontecimiento profético, cuya premonición se realiza en la actualidad. Los relatos políticos en general cumplen esta función: cuentan el conflicto entre nosotros y ellos y, por otro lado, recuerdan algún conflicto del pasado que prefiguró el actual. Cuando un político recurre a la expresión «hoy como ayer», está estableciendo un paralelismo entre una situación pasada y la situación actual que legitime, por supuesto, la posición de «nosotros». Y no es necesario que ese acontecimiento del pasado forme parte de la historia religiosa. Basta con que forme parte de la historia mítica de un país o de una región. Así, la mayoría de los grupos revolucionarios latinoamericanos de los años sesenta y setenta recurrían a la oposición entre los patriotas y los españoles durante las guerras de independencia de principios del siglo XIX como metáfora del antagonismo entre revolucionarios e imperialistas norteamericanos durante la Guerra Fría. Pero ya los criollos de principios del siglo XIX habían recurrido a la oposición entre indios y conquistadores como episodio premonitorio del conflicto entre patriotas y españoles, a tal punto que introdujeron muchos símbolos de origen indígena en sus estandartes, sus escudos y sus himnos. Para los criollos, las guerras de la independencia aparecían como una repetición de la resistencia de los indios contra los conquistadores. Y esto, a pesar de que los propios criollos se presentaban, por otro lado, como herederos de los conquistadores y hasta le reclamaban a la Corona que les restituyera los privilegios que los Reyes de Castilla les habían conferido a sus valientes ancestros cuando firmaron las capitulaciones.[1]

La invención de Sorel

¿Cómo es posible entonces que aquellos relatos épicos tengan esa capacidad de movilizar a las masas y de permitirles aceptar, en determinados contextos, el sacrificio de

1. Dardo Scavino, *Narraciones de la independencia. Arqueología de un fervor contradictorio,* Buenos Aires, Eterna Cadencia, 2010.

157

sus vidas? Esta pregunta había atravesado ya el siglo XX en Occidente, y había surgido, una vez más, a propósito del misterio del martirio y el cuestionamiento de la presunta superación del pensamiento mítico oriental por la razón occidental. A finales del siglo XIX, en efecto, Ernest Renan le había dedicado algunas páginas de sus *Nuevos estudios sobre la vida religiosa* a la figura del mártir. Solo que el paradigma de este personaje ya no se encontraba, para él, entre los cristianos perseguidos por las autoridades romanas, sino en un pensador supliciado en pleno Renacimiento por la Santa Inquisición: Giordano Bruno. Este monje dominico hubiese podido retractarse ante el tribunal del Santo Oficio, pero prefirió arder en una hoguera elevada en Campo dei Fiori. Bruno se había mostrado infinitamente más valiente que Galileo Galilei, quien eligió abstenerse del martirio dieciséis años después, desdiciéndose de sus posiciones heliocéntricas ante un tribunal encabezado por el mismo inquisidor: el cardenal Belarmino. Renan estimaba, aun así, que Galileo representaba el porvenir del pensamiento, dado que no necesitaba, como científico, demostrar sus tesis a través de alguna ordalía sino de cálculos y experiencias, y estas deducciones y pruebas experimentales no precisaban ni una campaña de evangelización, ni un compromiso militante, ni un sacrificio personal para constituir una verdad. En eso estriba finalmente la diferencia entre la fe y el saber. «Solo somos los mártires de lo que no estamos muy seguros»,[1] concluía este escritor. Unas décadas más tarde, Georges Sorel evocaría la conclusión de su compatriota para reprocharle una confusión entre «con-

1. Ernest Renan, *Études d'histoire religieuse,* París, Gallimard, 1992, p. 347. [Trad. esp.: *Estudios de la historia religiosa,* Valencia, F. Sempere y Compañía, 1901.]

vicción» y «certidumbre». Un convencido está tan seguro de algo que ninguna demostración racional o empírica logrará hacerlo cambiar de idea. Sorel retorna entonces a la vieja oposición entre la razón y el mito para sostener que las certezas provienen de la primera mientras que las convicciones se originan en el segundo: un mito político o religioso tiene el estatuto de una «fuerza real» que motiva los actos de los sujetos, los prepara a efectuar los más duros sacrificios y las más audaces proezas.

Basándose en algunos estudios históricos de aquellos años, como las *Diez lecciones sobre el martirio* de Paul Allard, Sorel pensaba que la persecución de los cristianos no había tenido ni la amplitud ni la intensidad que le atribuyeron algunos Padres de la Iglesia. «La administración romana», argumentaba, no era solamente severa con los cristianos sino «con cualquier persona que pareciera perturbar el orden público, y sobre todo con cualquier acusado de desafiar su autoridad», como ocurrió también con los judíos. De modo que «castigando, cada tanto, a algún cristiano», pensaba mantener a estos rebeldes a raya, sin saber que sus puniciones alimentarían a continuación una literatura que resultaría decisiva para el porvenir de la Iglesia, y hasta terminaría consolidando la unidad de los seguidores de Cristo contra el Imperio.[1] La narración de un combate entre cristianos y paganos fue un instrumento de propaganda eficaz porque le atribuía una dimensión política, terrenal, humana, a la literatura apocalíptica del primer siglo y a la querella escatológica entre la Iglesia y el Anticristo. Sorel considera incluso que este relato cristiano constituye

1. Georges Sorel, *Réflexions sur la violence,* París, Marcel Rivière, 1972, p. 126. [Trad. esp.: *Reflexiones sobre la violencia,* Madrid, Alianza, 1976.]

un perfecto antecedente del mito de la huelga general revolucionaria en el interior de la clase obrera y su combate contra la opresión burguesa. Y podemos imaginarnos lo que el francés hubiese dicho acerca de los mitos de la umma y el califato que siguen movilizando a una buena porción de musulmanes.[1] Introduciendo la imagen de una batalla entre dos campos, estos mitos contribuyen a mantener la cohesión en el interior de un grupo, así como la separación con respecto al grupo adverso, cuyos representantes intentan minimizar, en general, el dramatismo del conflicto para atraerlos hacia una resolución dialogada de las discrepancias. Sorel recordaba que un católico ferviente como Frédéric Le Play admiraba «la solidez de las convicciones religiosas que encontraba en los países donde convivían varias religiones» y deploraba «la apatía que reinaba en los países exclusivamente sometidos a la influencia de Roma».[2] Los católicos se mostraban más ardientes, según él, en los países dominados por los protestantes, como si la convicción se fundara «sobre el enfrentamiento entre comuniones» y «cuando cada una de ellas se imagina como un ejército de la verdad combatiendo a las falanges del mal». Y por eso no basta con una mera vecindad entre diferentes religiones para que una se convierta en enemiga de otra: una de esas religiones tiene que ocupar, desde la perspectiva de la otra, el lugar de la religión dominante, y la otra, por supuesto, el lugar de la religión dominada, perseguida, acosada. Sorel sostenía incluso, siguiendo una vez

1. Acerca del mesianismo musulmán, puede leerse: Constance Arminjon, «Le messianisme et l'islam politique. Temps et histoire dans les théories politiques de l'islam contemporain», *Les Temps Modernes* 2015/2, núm. 683, pp. 129-143.
2. Georges Sorel, *op. cit.,* p. 144.

más a Renan, que los judíos «se volvieron adoradores fanáticos de Yahvé cuando los sometieron los paganos», lo que explicaría por qué el desarrollo del código sacerdotal, de los Salmos y del Segundo Isaías, provienen de esa época.[1] Todo parecía indicar entonces que ese celo religioso aparecía en las comunidades amenazadas por algún grupo enemigo dominante, como si las lecturas fundamentalistas de la Biblia o la vigilancia integrista de las costumbres se incrementara por razones políticas, o como si la invocación de los textos sagrados sirviera, para retomar la frase de Rodinson, «de cobertura ideológica a opciones provenientes de otro lado». ¿Y no sería esa la situación de los sunitas en Irak? Esa minoría que había ocupado una posición hegemónica durante el régimen baazista, que no se caracterizaba por su fervor religioso, se ve desplazada por los chiitas y adopta una forma radical del salafismo, el wahabismo, abandona el nacionalismo que la caracterizaba, empieza a luchar por la constitución del califato y lleva su celo religioso hasta el punto de ejecutar sin miramientos a los «herejes» chiitas.

Las tesis de Georges Sorel en sus *Reflexiones sobre la violencia* tuvieron una vasta repercusión tanto en los medios de la extrema izquierda como de la extrema derecha. Así, en el mismo momento, estas tesis fueron adoptadas, en Alemania, por un marxista cercano al anarquismo como Walter Benjamin y por un jurista de la derecha radical como Carl Schmitt, le sirvieron a un intelectual italiano como Antonio Gramsci para elaborar su teoría de la hegemonía pero también a Benito Mussolini para forjar su consigna del «mito nacional». Un marxista peruano de aquellos años, José Mariátegui, llegó a decir que la diferencia política entre proletariado y burguesía residía en que la primera poseía un mito

1. *Ibid.*, p. 188.

histórico –el relato mesiánico de la «revolución social»–, mientras que la segunda «se entretiene en una crítica racionalista del método, de la teoría, de la técnica de los revolucionarios». «La fuerza de los revolucionarios no está en su ciencia», proseguía este peruano, sino «en su fe, en su pasión, en su voluntad», y esta fuerza «religiosa, mística, espiritual» era «la fuerza del Mito». Mariátegui invirtió incluso la clásica oposición marxista entre el materialismo de la ciencia proletaria y el idealismo de la ideología burguesa: materialistas eran, a su entender, los burgueses, e idealistas, y hasta místicos, los trabajadores revolucionarios. «El mito mueve al hombre en la historia», concluía este peruano, «sin un mito la existencia del hombre no tiene ningún sentido histórico.»[1] Benjamin también pensaba que el relato mesiánico seguía gobernando en secreto el presunto materialismo histórico, aunque aquella vieja teología fuera como una enana contrahecha que nadie quisiera ver. De modo que, para él, la teología no era un resabio del pasado en medio de la modernidad capitalista que había disuelto todos los «lazos patriarcales» para no dejar sino el «cruel pago contado». No, la religión sobrevivía en la política y sobre todo en la propia política revolucionaria. El propio Renan, uno de los autores predilectos de Sorel, había atraído la atención de sus lectores acerca del estatuto religioso de la fe de los socialistas, una fe que lograba inmunizarlos contra todo desaliento. «A cada experiencia frustrada, recomienzan», añadía Sorel, y si no han encontrado todavía la solución, confían en que lo harán en algún momento: «Jamás los asalta la idea de que la solución no exista» y en esta fe reside su fuerza.

Hasta un férreo materialista como Friedrich Engels ase-

1. José Mariátegui, «El hombre y el mito», en *El alma matinal*, Lima, Amauta, 1971, p. 22.

guraba en *La guerra de campesinos en Alemania* que la cohesión de la secta de Thomas Müntzer se basaba «en la hostilidad común a todas las clases dominantes y en el símbolo
del segundo bautismo», y que sus miembros eran de un
inigualable «rigor ascético en sus costumbres, infatigable,
fanático, propicio a la agitación». Desplazados, torturados,
quemados o ejecutados, «el coraje y la tenacidad de sus
emisarios siguieron siendo inconmovibles, y el éxito de su
actividad, si se tiene en cuenta la agitación cada vez más
grande del pueblo, fue inmenso». El alemán pensaba incluso que el ascetismo de esta secta no era un detalle anec-
dótico: «Para desarrollar su energía revolucionaria», escribía, «para adquirir una conciencia clara de su posición con
respecto a los otros elementos de la sociedad, para concentrarse en sí misma como clase», los partidarios de Müntzer
debían «rechazar todo lo que podría reconciliarlos con el
régimen social existente». «Este ascetismo plebeyo y proletario», concluía Engels, «se distingue completamente tanto
por su forma salvajemente fanática como por su contenido al ascetismo burgués» que predicaba Martín Lutero y
los puritanos ingleses, «cuyo secreto se encuentra en el espíritu de ahorro de los burgueses».[1]

La ausencia de semejantes mitos teológico-políticos y
de las consecuentes convicciones subjetivas debilitaba, para
Sorel, los lazos en el seno de la colectividad combatiente
porque suprimía su relación antagónica con el grupo presentado como amenazador o dominante. La supresión del
mito y del antagonismo favorece entonces el individualismo y la corrupción. El enfrentamiento entre las tropas del

1. Friedrich Engels, *La guerre des paysans en Allemagne,* París,
Éditions Sociales, 1974, p. 46. [Trad. esp.: *La guerra de los campesinos en Alemania,* Buenos Aires, Claridad, 1971.]

Estado Islámico y del Estado de Irak durante la batalla de Mosul en junio de 2014 constituiría una prueba de esta diferencia: por un lado, había una armada fuertemente cohesionada con los combatientes dispuestos al martirio; por el otro, un ejército debilitado por unos soldados que solo estaban dispuestos a defender su vida y sus ventajas individuales. El resultado fue elocuente: cumpliendo con la profecía de Fedro en el *Banquete,* un ejército más pequeño y peor armado terminó venciendo a un ejército más numeroso y que acababa de recibir más de 41.000 millones de dólares en equipamiento militar. Resulta difícil decidir hoy si las fuerzas iraquíes eran veinte o cuarenta veces más importantes que las islamistas —los cronistas disienten en este punto—, pero todos coinciden en destacar el colosal desequilibrio de fuerzas. ¿Cómo explicar entonces que un ejército menos numeroso y peor equipado haya ganado la batalla? El historiador francés Pierre-Jean Luizard conjetura que la causa se encontraría en el alto grado de corrupción de los soldados iraquíes. Estos compraban —y aparentemente siguen comprando— sus puestos en la jerarquía militar para detentar el privilegio de extorsionar a sus compatriotas, cobrar sobornos y recuperar su inversión inicial con creces, negocios que los vuelven poco proclives a sacrificarse por la población a la que se dedican a despojar. Una de las primeras películas de propaganda que el Estado Islámico difunde cuando penetra en Mosul muestra el palacio de Osama al-Nujayfi, un político vinculado con el poder central de Bagdad, quien vivía en medio de un lujo de pachá mientras la mayoría de los habitantes de la ciudad sufrían las privaciones, y hasta tenía escondidas en su vivienda toneladas de lingotes de oro.[1] Otros observadores, como

1. Pierre-Jean Luizard, *op. cit.,* p. 19.

el norteamericano Scott Atran, prefieren buscar la explicación del desenlace de la batalla en el ejército triunfante. Los combatientes del califato, en efecto, combatieron en Mosul la corrupción de los soldados y los policías iraquíes, y pudieron contar así con el apoyo de muchos habitantes de esa ciudad, de las tribus aledañas y hasta de las minorías cristianas que preferían pagar la *yizia,* o el tributo estipulado por la ley islámica, antes que verse librados a los chantajes de las tropas gubernamentales. Dispuestos a enfrentar a un ejército más numeroso y mejor armado, los yihadistas llegados del extranjero para luchar por el Estado Islámico suelen integrar además la vanguardia de *inghamasi:* los combatientes vestidos con chalecos de explosivos que se arrojan sobre las tropas del ejército iraquí o sirio para allanarles el camino a sus compañeros de armas. Y por eso este desequilibrio de fuerzas ya había llamado la atención de los periodistas a principios de 2014 cuando el Estado Islámico tomó la ciudad de Faluya matando a 5.000 soldados iraquíes y provocando la deserción de otros 12.000. A esa mística de la muerte *pro patria* o *pro nobis,* a esta verdadera devoción por la causa colectiva en detrimento del interés individual, estaba haciendo alusión Barack Obama cuando declaró en 2014 que los Estados Unidos subestimaron al Estado Islámico como habían subestimado ya al Viet Cong, porque en ambos casos los estrategas se habían topado con un fenómeno «imponderable»: la tenaz voluntad de lucha y de martirio.[1]

1. «What we didn't do was predict the will to fight. That's always a problem. We didn't do it in Vietnam. We underestimated the Viet Cong and the North Vietnamese and overestimated the will of the South Vietnamese. In this case, we underestimated ISIL and overestimated the fighting capability of the Iraqi army. [...] I didn't

Uno de los más grandes pensadores musulmanes de todos los tiempos, Ibn Jaldún, docente de la misma Universidad de Al-Azar donde estudiaría Abdullah Azzam seiscientos años más tarde, ya había explicado este proceso por una dialéctica de la *asabiyya*, la «cohesión social» o el «espíritu de cuerpo». Los grupos que se rebelan contra la dinastía reinante, explicaba este tunecino, poseen una fuerte *asabiyya*, caracterizada por una gran solidaridad entre sus miembros y por una convicción religiosa vigorosa, mientras que la *asabiyya* de la dinastía reinante es débil porque, para mantenerse en el poder, debe negociar con los diferentes grupos y porque el propio ejercicio del poder corrompe a los individuos. No es raro, entonces, que los grupos periféricos que venían, para Jaldún, del desierto pudieran vencer a los grupos instalados en el centro del poder, es decir, en las ciudades, a pesar de que estos contaban con ejércitos y medios más poderosos. Lo interesante es que, desde la perspectiva de Ibn Jaldún, hay una relación estrecha entre religión, sociedad y guerra: una *asabiyya* vigorosa supone una fe inquebrantable y una rigurosa sumisión al grupo, de modo que la religión, o su equivalente, se convierte en un arma poderosa y, como diría Obama, «imponderable» de los ejércitos rebeldes. Y el termómetro que permite medir esta fe y esta fidelidad del individuo al grupo es el martirio. Ibn Jaldún llegó a pensar que la historia humana estaba vinculada con esta lucha en-

---

see the collapse of the Iraqi security force in the north coming. I didn't see that. It boils down to predicting the will to fight, which is an imponderable», *The Washington Post*, 28 de septiembre de 2014, https://www.washingtonpost.com/world/national-security/obama-us-underestimated-the-rise-of-the-islamic-state-ability-of-iraqi-army/2014/09/28/9417ab26-4737-11e4-891d-713f052086a0_story.html?utm_term=.8d9cff19b82b

tre la ciudad y el desierto, entre sedentarios y beduinos, entre la impiedad y la creencia, entre el poder y el contrapoder revolucionario, entre la *asabiyya* débil y fuerte, que así había sido y que así sería por los siglos de los siglos.

Georges Sorel hubiese explicado tanto la fortaleza del ejército triunfante como la debilidad del ejército derrotado en Mosul por la presencia o la ausencia de esos mitos políticos que les proporcionan a los combatientes, o a los militantes, una convicción. Porque la convicción es una fuerza hipnótica, que se sustrae a la crítica racional. Y para esto no hacía falta que los militantes o los combatientes estuvieran impregnados de una doctrina, y ni siquiera que tuvieran acceso a la cultura letrada. Como sucede con muchos de los jóvenes europeos que parten a Siria o Libia, no hace falta que los yihadistas hayan leído el Corán o la Sunna. Su convicción no proviene de esa palabra escrita sino de un relato oral, semejante a un mito, que pasa de boca en boca y que cuenta la historia de «nosotros».

Algo similar habría planteado Carl Schmitt. En un artículo publicado en 1923, este jurista alemán también había hecho suyas las posiciones de Sorel: tanto «la fuerza para el martirio» como «el coraje para el empleo de la violencia» provenían, en su opinión, de «un mito», a la manera de «la representación de la gloria o del renombre entre los griegos», «la espera del Juicio Final en el antiguo cristianismo», «la creencia en la "virtud" y en la libertad revolucionaria durante la gran Revolución francesa» o «el entusiasmo nacional de las guerras de liberación alemanas de 1813». Ni los razonamientos ni la reflexión sobre los fines provocan un entusiasmo semejante porque en la fuerza del mito «se encuentra el criterio que decide si un pueblo, o cualquier otro grupo social, tiene una misión histórica, y si llegó ese momento». Esta fuerza movilizadora no va a encontrarse, como consecuencia, «en la burguesía moderna, esta clase social hechizada por la ansiedad del dinero y la posesión, moralmente trastornada por el escepticismo, el relativismo y el parlamentarismo».[1] El ideal burgués de un «acuerdo pacífico», con el cual cada una de las partes se verá beneficiada, de la «negociación» característica del pensamiento de los mercaderes, no tiene la fuerza de sugestión del mito que nos presenta la política bajo la forma de una «batalla» entre amigos y enemigos, entre hermanos y adversarios o entre nosotros y ellos. Schmitt solo disentía con Sorel y Engels en el contenido de esas narraciones. Porque para el ultraderechista germano la lucha de clases no poseía, por lo menos en Europa, la misma fuerza de sugestión masiva que el mito nacionalista. Cuando un revolucionario decía «nosotros», estaba aludiendo a los proletarios o los comunistas, y para Sorel o Mariátegui ese revolucionario estaba dispuesto a sacrificarse por esa colectividad. Cuando un alemán dice «nosotros», pensaba Schmitt, está aludiendo a la nación alemana y también está dispuesto a sacrificarse por ese conjunto humano. Pero es cierto que, a lo largo del siglo XX, la mayoría de las revoluciones inspiradas en el mito nacionalista superaron con creces a las imbuidas por la mitología clasista del *Manifiesto,* y esto sucedió así hasta en los casos en que las revoluciones fueron promovidas por agrupaciones marxistas, como ocurrió con la mayoría de los movimientos de liberación nacional del Tercer Mundo. Pero Schmitt privilegiaba el mito nacional porque acababa de leer un discurso de Benito Mussolini, igualmente inspirado en Georges Sorel, en el cual el líder italiano celebraba que los fascistas

1. Carl Schmitt, *Catolicismo romano y forma política,* Madrid, Tecnos, 2011, p. 17.

168

hubieran «creado un mito», «una creencia, un noble entusiasmo, que no necesita ser real», «un impulso y una esperanza», «una fe y un coraje», y que este mito girara en torno a «la nación, la gran nación, que queremos convertir en una realidad concreta».[1] No es raro entonces que el jurista alemán se entusiasmara muy poco con las ideas –que conocía bien– de Lenin, y decidiera apoyar, en cambio, el régimen de Adolf Hitler. No es raro tampoco que la izquierda europea haya tenido tantas dificultades para comprender los regímenes tercermundistas que parecían privilegiar, igualmente, el conjunto del Estado nación por sobre el internacionalismo proletario, sin percatarse de que estos regímenes tercermundistas no estaban contraponiendo su nacionalismo a un «complot judío», a la «decadencia burguesa» o a la «amenaza roja», sino a las políticas imperialistas de los países desarrollados, lo que explica por qué, hasta Sadam Husein, e independientemente de la catadura moral del personaje y del estatuto dictatorial de su gobierno, se reclamaba del nacionalismo y del socialismo sin ser, por esto, un émulo de Adolf Hitler.

Las fuentes del fanatismo

Medio siglo después de las *Reflexiones* de Sorel, Claude Lévi-Strauss volvería a establecer un paralelismo, e incluso una identidad, entre el mito y la política. «Nada se parece más al pensamiento mítico», decía, «que la ideología política.» Y nada se alejaría más, a su entender, que la historia, lo que permitiría explicar por qué, para Lévi-Strauss, como para su predecesor, el marxismo no podía

1. *Ibid.*

confundirse con una auténtica ciencia de la historia. Cuando un historiador evoca la Revolución francesa, escribía el antropólogo, «se refiere a una serie de acontecimientos pasados cuyas consecuencias lejanas llegan hasta nosotros a través de una serie, no reversible, de acontecimientos intermedios». Para el hombre político, en cambio, la Revolución francesa constituye una suerte de «esquema dotado de eficacia permanente, que permite interpretar la estructura de la Francia actual, los antagonismos que se manifiestan en ella y entrever los lineamientos de su evolución futura».[1] Al-Zawahiri, sin ir más lejos, presenta el acontecimiento primordial –la guerra del Profeta y sus compañeros contra los coraichitas de La Meca– como un esquema que se repite a lo largo de la historia del islam: retornó cuando Saladino enfrentó a los cruzados y retorna hoy bajo el aspecto de una yihad contra Occidente. Pero si los actores políticos precisan estos mitos, se debe a que precisan encontrarle sentido a una situación confusa, una imagen coherente y completa de un momento histórico, y este sentido, aseguraba Lévi-Strauss parafraseando a Mariátegui, se lo proporcionan los mitos: «Para que el hombre contemporáneo pueda interpretar plenamente el papel de agente histórico, debe creer en este mito.»[2]

El político actúa, para Lévi-Strauss, como el chamán. El chamán le proporciona a su paciente un mito gracias al cual puede simbolizar un conjunto «de dolores incoherentes y arbitrarios». Y este relato, precisamente, va a tener la forma épica de un combate entre el bien y el mal, entre sa-

1. Claude Lévi-Strauss, *Anthropologie structurale,* París, Plon, 1974, p. 239. [Trad. esp.: *Antropología estructural,* Barcelona, Paidós, 1987.]
2. Claude Lévi-Strauss, *La pensée sauvage,* París, Plon, 1962, p. 303. [Trad. esp.: *El pensamiento salvaje,* Madrid, Fondo de Cultura Económica de España, 1964.]

lud y enfermedad. El chamán invierte, en este aspecto, la operación del psicoanalista. En la cura psicoanalítica el paciente habla y el analista escucha porque trata de reconstruir, a partir del discurso del primero, algún mito individual. A lo largo de las sesiones, el paciente no cesa de repetir ese «mito individual», o ese fantasma, en el cual siempre interpreta el personaje principal. Un hecho se vuelve traumático, para el neurótico, cuando «el sujeto lo experimenta inmediatamente bajo la forma de un mito vivido»: «toda la vida psíquica y todas las experiencias ulteriores se organizan en función de una estructura exclusiva o predominante, bajo la acción catalizadora del mito inicial». Y por eso el analista trata de que el sujeto se libere de ese «mito inicial», de ese «fantasma». En la cura chamánica, por el contrario, el chamán habla y el paciente escucha un «mito social» que va a conferirle algún sentido a un conjunto de «dolores incoherentes y arbitrarios». Un hecho se vuelve traumático, desde la perspectiva chamánica, cuando el sujeto no dispone de un «mito predominante» que le permita catalizar esa experiencia, y por eso el chamán trata de adaptar metafóricamente algún relato sagrado para que el sujeto la comprenda.

El psicoanálisis sigue, en este aspecto, la tradición del exorcismo: el analista trata de liberar al paciente de un espíritu que lo posee, es decir, del personaje de un relato que el paciente se complace en encarnar, aunque lo precipite siempre en las mismas situaciones dolorosas y frustrantes. El chamán, por el contrario, se inscribe en la tradición del endorcismo: trata de curar a su paciente haciendo que sea poseído por algún espíritu, es decir, por el personaje de algún mito. Como sucede en la tradición del exorcismo, común a las tres grandes religiones monoteístas, la posesión, para los psicoanalistas, tiene un aspecto maléfico o pernicioso para el sujeto poseído: la causa de la enfermedad se encontraría en ese personaje alojado en el paciente o en ese «fantasma» que no cesa de interpretar una y otra vez, ese personaje con el cual el paciente se identifica y que generalmente interpreta para otro: identificación satisfactoria, por un lado, lo que explica por qué se aferra compulsivamente a ella, pero dramáticamente nociva, por el otro, dado que lo compele a reiterar los mismos fracasos. A este tipo de posesión hace alusión el vocablo griego *energoúmenos* (energúmeno), que Santo Tomás adoptó para aludir a las personas que «son actuadas» por un espíritu, como si su cuerpo obedeciera a una voluntad ajena. A diferencia de lo que ocurría en la Grecia antigua, donde la posesión no tenía necesariamente una connotación negativa, el cristianismo la presenta siempre como demoníaca. Para los griegos también, solo que su *daimon* era una potencia divina que, como el *genius* romano, ejercía su influencia sobre una persona señalándole un destino. Esta concepción de la posesión se encuentra todavía en la tradición del endorcismo, privilegiada por los pueblos animistas, que ya no la asocian necesariamente con un fenómeno maléfico: la posesión puede ser benéfica, saludable o propicia, y la salud del paciente se restablece en muchos casos cuando el chamán logra que lo posea un espíritu. Algunos antropólogos establecen una diferencia entre los chamanes que van a buscar ese espíritu a alguna parte, generalmente elevándose o internándose en la selva, y los chamanes que hacen descender esos espíritus a través de alguna invocación. Los siberianos y los americanos entrarían en la primera categoría; los africanos y los afrocaribeños en la segunda.[1] Pero una vez que

1. Luc de Heusch, «Possession et chamanisme», en *Les religions africaines traditionnelles,* París, Seuil, 1964, pp. 133-146.

se amparan del cuerpo, restablecen la salud de los sujetos. Si con el vocablo *energoúmenos* los griegos sugerían que el cuerpo «era actuado» por un *daimon*, algunos pueblos africanos aseguran que los poseídos son «cabalgados» por un genio. Pero la idea sigue siendo la misma: el cuerpo se convierte en un vehículo conducido por otro.

Tanto el psicoanálisis como el chamanismo poseen una dimensión teatral. El analista intenta que su paciente represente una «escena primitiva», pero lo hace para que se libere de una vez por todas de su compulsión a interpretar siempre ese mismo papel, o para que deje de catalizar todas y cada una de las cosas que le ocurren en la vida a través de ese mismo mito primordial y predominante. Y esta liberación se produce, en general, cuando el sujeto renuncia a una identificación o a seguir interpretando ese personaje para otro a quien quiere seducir. El chamán, por el contrario, lleva a cabo una reconstrucción teatral del «mito social», o un ritual, para que su paciente asuma en esa escena un papel y para que catalice las experiencias traumáticas a través de esa narración. Y por eso, como lo señalaba Jean Rouch, el antropólogo francés que logró filmar las prodigiosas experiencias de posesión en algunos pueblos africanos, los trances de endorcismo asumen muchas veces el aspecto de una *commedia dell'arte*. El político es el heredero del chamán. Como él, trata de proporcionarle al sujeto un mito que le permita encontrar un orden coherente o inteligible en una situación histórica confusa e identificarse con su protagonista.

La antropóloga Nicole Échard, que en los años ochenta estudió el culto de posesión de los hausa de Níger, explicaba que los «genios» que poseían a los adeptos eran diversos «códigos sociológicos o políticos» que permitían «interpretar diversas situaciones o acontecimientos con los cuales se confronta una parte o la totalidad de una sociedad». Esto explicaba, a su entender, por qué estos pueblos precisaban siempre nuevos genios para «codificar situaciones nuevas sobrevenidas por las transformaciones sufridas por la sociedad», pero también por qué, cuando poseían a un «cabalgadura» o una «armadura» humana, estos genios modificaban su manera de hablar y de expresarse. Échard observaba incluso que los hausa consideraban tanto más auténtico a un genio cuanto más se alejaba, durante la posesión, de los fantasmas individuales del sujeto para acercarse a los mitos colectivos. De modo que un rito de posesión equivale a un rito de iniciación o de conversión: gracias a este rito, el sujeto es capaz de encarnar un nuevo personaje en un nuevo relato que le sirva para catalizar un conjunto de experiencias que carecían de sentido.[1]

A un fenómeno similar se refiere el psicoanalista tunecino Fethi Benslama cuando asegura que el salafismo (vocablo formado a partir del sustantivo *salaf*, ancestro) «responde al temor intenso de la dislocación de la comunidad orgánica de la umma» multiplicando «los testimonios de la presencia ancestral del Otro en su propio cuerpo»: los salafistas «portan las máscaras de sus ancestros, aspiran a sus encarnaciones, convirtiéndose en aparecidos o zombis». Y por eso, para Benslama, «las guerras de identidad son guerras de máscaras», lo que nos recuerda hasta qué punto «no basta con describir los fenómenos colectivos como hechos objetivos vistos desde un telescopio sin penetrar las causalidades subjetivas que mueven a los individuos».[2] Como lo

1. Nicole Échard, «Cultes de possession et changement social. L'exemple du bori hausa de l'Ader et du Kurfey (Niger)», *Archives de sciences sociales des religions,* núm. 79, 1992, pp. 87-100.
2. Fethi Benslama, *op. cit.,* p. 146.

sugiere esta conclusión, el tunecino le estaba reservando a los salafistas una descripción que caracteriza no solo a muchas religiones sino también a la mayoría de los movimientos políticos desde el momento en que un sujeto habla o actúa en su calidad o en su carácter de portavoz de un conjunto, es decir, desde el momento en que asume una identidad o interpreta a alguna *persona ficta*. Desde el momento en que esta identidad o esta persona explican sus comportamientos e incluso sus pensamientos, pueden considerarse «causalidades subjetivas».

Si existe un vínculo estrecho entre política y religión no hay que buscarlo –o no hay que buscarlo solamente– en la procedencia teológica de los conceptos políticos, como pensaba Carl Schmitt, sino en otro elemento común: tanto el compromiso político como el endorcismo chamánico suponen la subjetivación de un mito colectivo. Y como ya lo habían observado los psicólogos sociales a propósito de los fenómenos multitudinarios, como lo confirmó Sigmund Freud en su *Psicología de las masas* y como lo mostró el expresionismo alemán antes de la llegada del nazismo en Alemania, ese compromiso, esa convicción íntima, esa fuerza moral capaz de movilizar a poblaciones enteras, tiene mucho más que ver con la sugestión hipnótica que con el razonamiento científico. Basta con ver las ordalías que son capaces de sufrir los poseídos de los documentales de Rouch, sin sentir el mínimo dolor y sin que el fuego, el agua hirviendo o las agujas dejen la más mínima traza sobre su cuerpo, para comprender el parentesco entre posesión e hipnotismo. Hay una «causalidad subjetiva» que no puede reducirse a causas físicas o fisiológicas; hay, como consecuencia, una fuerza que mueve a los sujetos y que no tiene un estatuto físico ni fisiológico. Aunque no puedan ni detectarse ni medirse con los aparatos empleados, por lo

175

general, para percibir las fuerzas materiales o naturales, debemos aceptar que esas fuerzas inmateriales o incorporales existen. Algunos pueblos hablan de «espíritus», «genios» o «dioses». Nosotros preferimos hablar, siguiendo a Lévi-Strauss, de una «eficacia simbólica». Y si hablar de ciencias sociales tiene algún sentido, esto significa que explicamos los fenómenos sociales por esas causas estrictamente sociales, por esas causas a las cuales obedecen los comportamientos de las sociedades. Y cuando hablamos de la dimensión social de la especie humana, hablamos de su dimensión simbólica: de sus lenguajes, de sus relatos, de sus rituales, de sus dones o de sus monedas.

En estas causas se encuentra el vínculo invisible que une a la medicina chamánica, la religión y la política: las tres asocian esos mitos con la salud, o la salvación, de los sujetos; las tres asocian esa salud con la victoria sobre un enemigo que puede llamarse enfermedad, mal u opresor; las tres, finalmente, piensan que los sujetos van a lograr derrotar el mal en la medida en que subjetiven ese mito e interpreten a sus personajes. Si Foucault puede hablar de una «biopolítica» moderna, se debe a que la modernidad occidental tendió a separar la salud del cuerpo y la del alma, reservándoles la primera a los médicos y la segunda a los sacerdotes. En otros pueblos, no obstante, ambas cuestiones siguen estando estrechamente vinculadas, y por eso los hausa de Níger esperan encontrar la cura de algún mal que los aqueja en una ceremonia de tipo religioso, y este rito de posesión supone la incorporación de un código, o relato, que le permita comprender y convertirse en «agente histórico» de una nueva situación social.

Esto explicaría por qué el fenómeno del fanatismo es común a la religión y la política. *Fanático* proviene de *fanum,* templo, y aludía precisamente a las personas que actuaban o hablaban como si estuvieran poseídas por alguna divinidad. Pero el vocablo *fanaticus* no tenía, al menos en un principio, una connotación peyorativa. Los romanos lo empleaban, por ejemplo, para traducir la palabra griega *enthousiastikós,* que significaba, literalmente, el que tiene un dios adentro. Un fanático era, por consiguiente, un entusiasta, y un entusiasta, alguien que había sido poseído o inspirado por una divinidad. Hacia finales del siglo XVIII, David Hume seguiría empleando el vocablo inglés *enthusiasm* como sinónimo de *fanaticism* y como un antónimo de *superstition:* los supersticiosos serían todas aquellas personas aterrorizadas por los fenómenos que no logran comprender, mientras que los entusiastas, al contrario, viven como transportados por una fuerza misteriosa y no le temen a nada.[1] Hume hubiese dicho, sin duda, que los mártires eran fanáticos político-religiosos, pero la prueba de su fanatismo no se encuentra en su violencia o su furor. Un militante pacífico y parsimonioso puede considerarse también un fanático desde el momento en que sus acciones y sus discursos corresponden al personaje que encarna, y en que este personaje forma parte de algún mito colectivo. La mayoría de los psicoanalistas abordan hoy la cuestión del islamismo, a la manera de Fethi Benslama, por el bies del fanatismo y de ese apego apasionado a una identidad, a un personaje, a un yo ideal que los fanáticos encarnan para dirigirse a algún otro a quien esperan seducir a través de esa actuación: un ideal del yo. Pero los propios psicoanalistas deben reconocer que el compromiso con algún ideal

1. David Hume, «Of Superstition and Enthusiasm», en *Essays, Moral, Political and Literary,* Edimburgo y Glasgow, Henry Frowde, 1903-1904. [Trad. esp.: *Ensayos morales, políticos y literarios,* Madrid, Trotta, 2011.]

y el «recorrido fiel del militante», como lo llamaría Badiou, están inexorablemente vinculados con un mecanismo psíquico de esas características. «Para que el hombre contemporáneo pueda interpretar plenamente el papel de agente histórico» debe creer en un mito,[1] subjetivar una fábula, encarnar una ficción, identificar a los otros, e identificarse él mismo, con los personajes de esa narración. El fanático no es sino ese agente histórico. Solo que el anatema «fanático» se dirige, como cualquier anatema, a los demás.

Alain Badiou fue en este aspecto más lejos que Ernest Renan, dado que este «recorrido fiel» no se limita, para él, a pensadores militantes como Giordano Bruno sino también a científicos como Galileo Galilei. Porque, a diferencia de lo que pensaba Renan, Galileo tampoco podía probar en ese momento algunas de sus hipótesis, empezando por aquella que va a convertirse en el axioma fundamental de la física moderna: la teoría de la inercia. Y no podía probarla en ese momento porque no disponía de un plano infinito y sin rozamiento que le permitiera demostrar que un cuerpo no precisa que se le dé un nuevo «impulso» para seguir en movimiento o para que no tienda «naturalmente» al reposo. De modo que Galileo también tuvo que mantener este axioma de su física, y de la física venidera, como una convicción indemostrable que le permitía probar, aun así, un buen número de tesis. Y tuvo que sostenerlo contra las posiciones de los aristotélicos, quienes, a diferencia de él, podían «probar» a través de la experiencia que un cuerpo deja de moverse si no se le da un nuevo «impulso». Galileo tuvo que mantener su fe en el principio de inercia contra su ausencia de pruebas y contra las pruebas de sus adversarios. De modo que la verdad también comienza,

1. Claude Lévi-Strauss, *La pensée sauvage,* ed. cit., p. 303.

para Badiou, como una convicción y precisa una «fidelidad militante». Y hasta tal punto este filósofo prosigue, pero sin reconocerlo, la tradición teológico-política iniciada por Sorel, que ambos recurren a una misma historia para explicar el fenómeno del compromiso militante: a San Pablo y los inicios del cristianismo. El propio Badiou reconoce, por supuesto, que ese acontecimiento inicial que San Pablo y los suyos se propusieron defender como una verdad universal era una «ficción», pero Sorel, en última instancia, no había sugerido otra cosa. Y todos los movimientos políticos que se reclaman de un acontecimiento inicial, como la guerra de Mahoma contra los coraichitas, tampoco plantean algo diferente: ese acontecimiento oscuro anuncia algo que va a terminar develándose con el paso de los siglos gracias a la «fidelidad militante» de quienes, en nombre de él, terminan repitiéndolo bajo una forma diferente: los mamelucos contra los mongoles, Saladino contra los cruzados o Al-Qaeda contra los Estados Unidos.

Personería política

Los motivos de las guerras parecen ser, en general, mucho más sencillos que los mitos sorelianos. Los norteamericanos quieren el petróleo árabe, de modo que le hacen la guerra a cualquiera que les dificulte el acceso; los israelíes quieren echar a los palestinos para ocupar esas tierras; los musulmanes les hacen la guerra a los unos y a los otros para constituir la umma, defender el petróleo o las tierras de sus correligionarios. ¿Por qué no? Nadie niega que las guerras no tengan su origen en los intereses materiales de las partes en conflicto, y cualquier análisis geoestratégico serio tiene que tomar en cuenta estos factores.

Pero los especialistas de la geoestrategia trabajan con sujetos colectivos que ya están constituidos: los estadounidenses, los israelíes, los musulmanes... Decimos, con toda naturalidad, que los musulmanes quieren esto, o los islamistas aquello, que los israelíes pretenden acabar con tal cosa, etc. Pero esos sujetos y esas voluntades no son en modo alguno naturales: tuvieron que constituirse, tuvieron que aparecer en algún momento, y esta constitución o estas apariciones no son ajenas a los procesos políticos e incluso a los enfrentamientos bélicos. La política, después de todo, es el proceso de constitución de un «nosotros». Podríamos recordar incluso que, en términos estrictos, los sujetos y las voluntades individuales tampoco tienen nada de natural: también fueron constituidos, también tuvieron que aparecer en algún momento como unidades que perduran en el tiempo. Pero en estas páginas nos interesa saber por sobre todo cómo se constituyen aquellos sujetos colectivos. Porque no es evidente que un conjunto de millones de personas empiece a decir «nosotros los israelíes» o «nosotros los musulmanes». ¿Cómo se crean esas identidades? A diferencia de los especialistas de la geoestrategia, justamente, pensamos que la guerra no es ajena a la constitución de esas identidades. No hay sujetos colectivos que, de un día para el otro, se ponen en conflicto con otro sujeto. Esos sujetos se constituyen en el conflicto y por el conflicto: son sujetos políticos.

Pero cuando hablamos de un sujeto colectivo, no hablamos sencillamente de «los musulmanes» o «los norteamericanos». Estos no son sujetos. Estos son conjuntos de personas tomadas como objetos, y tratadas como si fueran conjuntos de limones o bacalaos. Del mismo modo que hay un sujeto individual cuando alguien dice «yo», hay un sujeto colectivo cuando alguien dice «nosotros». Los juristas conocen bien esta cuestión. Porque la ley se ocupa, para empezar, de los sujetos individuales o de las personas que dicen «yo»: solo una persona individual puede cometer un crimen. Y lo que es más importante: solo una persona individual puede explicar por qué lo cometió. Y aunque esas personas actúen en banda organizada, como se suele decir, la justicia no va a juzgar a la banda en su conjunto sino a cada uno de sus miembros por su participación en esos actos. Por eso los juristas tuvieron que inventar ya en el Medievo la figura de la personería jurídica: esas entidades colectivas que eran las corporaciones o las congregaciones también tenían derechos y obligaciones, como puede ocurrir hoy con una compañía o una institución. Estos canonistas decretaron entonces que una corporación podía ser tratada, en algunos casos, «como si fuese una persona», y a este «como si», a esta ficción jurídica, la llamaron *persona ficta*. Esta persona, sin embargo, tenía que encarnarse en algún individuo, en algún representante de la corporación que asumiera esa personería. Esta persona no es la misma cuando habla o actúa a título individual o en representación del conjunto, aunque las palabras salgan de una sola y misma boca. Un administrador, por ejemplo, podía usar, y solo usar, una serie de bienes de una corporación que no le pertenecían como *persona privada*. Incluso podía vender algunos o adquirir otros en el desempeño de su función, pero en ningún caso podía beneficiarse individualmente con ellos. Y cuando firmaba un contrato como administrador, tampoco estaba haciéndolo a título personal, de modo que la responsabilidad, por ejemplo, del reembolso de una deuda que contrajera en el ejercicio de su función, o en su calidad de administrador, no recaía sobre la persona privada que encarnaba provisoriamente el personaje sino sobre el propio personaje, aunque esta ya no fuera interpretada por el mismo actor. De modo que existía en la práctica una persona jurídica, diferente de la persona privada, cuyos derechos y obligaciones los canonistas tuvieron que estipular. Y aunque las prerrogativas variaran, el ejemplo de la administración de una corporación podía extenderse a dignidades como el papado o la monarquía.

Un filósofo inglés del siglo XVII, Thomas Hobbes, le dedicó varios parágrafos de su *Leviatán* a la *persona ficta*. «Una persona», explicó, «es aquella cuyas palabras o acciones son consideradas, ya sea suyas, ya sea representativas de las palabras y los discursos de otro.» «Cuando las palabras y las acciones son consideradas como propias», proseguía este filósofo, «solemos llamarla persona» y «cuando son consideradas representativas de las palabras y las acciones de otro, la llamamos persona ficticia o artificial [*a feigned or artificial person*]». Hobbes recordaba incluso que el sustantivo *persona* se decía, en griego, *prosōpon,* vocablo que significaba, en principio, rostro, «del mismo modo que *persona* significa en latín disfraz o apariencia exterior de un hombre tal como se representa en la escena». De la escena, explicaba este filósofo, la palabra se transfirió «a todo representante de un discurso o de una acción, tanto en los tribunales como en el teatro». La persona terminó convirtiéndose así en un actor «tanto en la escena como en la conversación corriente», y personificar *(personate)* empezó a significar «ser actor, representándose a sí mismo o a otro».[1] Representar a otro suele decirse «interpretar el papel del otro o actuar en su nombre», y a estos actores, proseguía, los llamamos representantes, lugartenientes, vicarios, apoderados, diputados o procuradores. El estatuto de estas autoridades va a seguir siendo durante siglos un pun-

1. Thomas Hobbes, *Leviatán,* Bogotá, Skla, 1982, p. 138.

to particularmente delicado de la teoría de la representación política. Cuando Hobbes sostenía que «los hombres de la multitud no deben entenderse como un solo autor sino como múltiples autores», estaba aludiendo a ese estatuto del sujeto de la enunciación: no hay, en principio, un sujeto de la enunciación plural. Para que «una multitud de hombres cuente como una sola persona», agregaba, estos tienen que ser «representados por un solo hombre o una sola persona», es decir, por un «yo» que habla en nombre de «otros» y dice, por este motivo, «nosotros». Por eso la unidad no provenía, para el pensador inglés, de los representados sino del representante, es decir, del portavoz. Pero esta «persona sola» no debería hablar en primera persona del singular sino del plural: porque el que habla en nombre de ese grupo, no es la *persona privata* sino la *persona ficta*. Como los individuos humanos son animales políticos, viven en comunidad, pero la comunidad también vive en cada individuo humano, porque si no hubiera una persona singular para representarla o para hablar en nombre de ella, la comunidad no tendría una palabra o una voluntad propia y común. Si no hubiera un individuo que hablara por ella, no habría ni siquiera *una* comunidad, de modo que nos encontramos con este fenómeno paradójico: un individuo representa un pensamiento y una voluntad colectiva que no existen hasta que él nos los representa. Cuando Hobbes asegura entonces que el grupo es representado por «una sola persona», no está refiriéndose necesariamente a un individuo en especial. Esa «persona», esa «autoridad» es un lugar de enunciación que puede ser ocupado sucesivamente por muchos y eventualmente por todos los individuos de un conjunto. Ninguna persona individual tiene, *per se,* autoridad. Porque la autoridad es una investidura: alguien está investido de autoridad, por una personería jurídica o política. Y esto era válido, en el derecho medieval, aunque solamente algunos individuos pudieran asumir la dignidad del monarca: una persona singular asumía como monarca porque encarnaba ese papel. Una investidura es una *persona ficta,* un *prosōpon,* un *character,* un papel, y quienes representan este papel, representan también a otros. Hobbes estaba exponiendo en el *Leviatán* una teoría política, de modo que estaba mostrándonos cómo veía el funcionamiento de los conjuntos humanos. Pero su tesis, si la consideramos en detalle, tiene una dimensión gramatical: nos está hablando de la significación de la primera persona del plural.

Recordemos una vez más la réplica de mi estudiante aquel 12 de marzo de 2004: «Cuando nos matan a nosotros, ellos no hacen un minuto de silencio.» La significación de este enunciado resulta transparente, y sin embargo encierra un leve misterio, porque no habría podido enunciarlo en primera persona del singular: «Cuando me matan a mí...» Salvo en casos extraños como el del señor Valdemar, el personaje de Edgar Allan Poe, los hablantes no suelen estar muertos cuando toman la palabra. La primera persona del plural, en cambio, evita esta paradoja porque mi estudiante hablaba solamente «en nombre» de quienes, por estar muertos, no podían responderme. Pero el problema sería el mismo si el verbo no fuera «morir» sino «sufrir» o simplemente «mirar»: «Cuando nosotros miramos nuestra tierra...», podría decir un campesino nacionalista aunque él mismo fuera ciego. Se trata de una propiedad de los pronombres y los verbos en primera persona del plural que a menudo pasa desapercibida. «Miro» significa «El que enuncia la frase está mirando algo», pero «miramos» no equivale a «Decimos que miramos» sino a «Digo que miramos» porque el que pronuncia la frase sigue siendo una persona sin-

184

gular. El sujeto de la enunciación es solamente un miembro del grupo que realiza esa acción, es decir, uno de los integrantes del conjunto presentado como sujeto del verbo. El plural de la primera persona no alude a la pluralidad de locutores sino a la pluralidad de personas que hacen o padecen algo y entre las cuales se encuentra, supuestamente, el locutor: una manera de sugerir que ese locutor habla en su calidad de miembro del conjunto y en nombre de ese conjunto. Cuando una persona dice «nosotros los musulmanes» o «nosotros los judíos» sigue hablando en primera persona del singular pero no lo hace a título personal sino «en su calidad» de musulmán o de judío, esto es: «en su carácter» de miembro de esos conjuntos. «Yo, en mi calidad de musulmán...» o «En mi carácter de judío, yo...». Cualquier persona singular pertenece a diversos conjuntos y asume, en cada caso, el papel de portavoz. Mi estudiante hubiese podido explicarme que «nosotros los musulmanes nos abstenemos de tomar alcohol», y paso seguido aclararme: «Aunque a mí, personalmente, me encanta el tinto en las comidas.» Porque en un caso va a estar hablando en nombre de una comunidad, en su calidad de musulmán, y en el otro va a estar hablando a título individual. Podría haber dicho incluso «nosotros los musulmanes no consumimos carne de cerdo» y recordarme, a continuación, que «a nosotros los franceses nos encanta el jamón ibérico». Hablar en nombre de un conjunto, o en primera persona del plural, equivale a hablar en primera persona del singular cuando esta es una *persona ficta,* un *prosōpon* o un *character,* de modo que no basta con decir «yo» en vez de «nosotros» para estar diciendo algo a título personal o en el propio nombre.

La aparición del *usted* en el español del siglo XVI nos permite medir la importancia de este personaje. El pronombre usted es una contracción, como se sabe, de la expresión *vuestra merced,* y el vocablo *merced* aludía en este caso al título o a la dignidad de una persona, de modo que cuando alguien preguntaba «¿Qué opina vuestra merced?», no estaba interrogándolo acerca de lo que pensaba personalmente sino como portador de un título, de una dignidad o de un personaje social. No le interesaba saber qué pensaba *tú* sino *él:* el Otro. Y por eso *usted* se conjuga en tercera persona del singular. Esto significa, una vez más, que cuando empleamos el pronombre *usted* no nos estamos dirigiendo a la *persona privata* sino a la *persona ficta:* al rector, a la profesora, a la suegra o incluso, como en otras épocas, al esposo y a la esposa que se trataban mutuamente de usted o que se dirigían a los personajes que estaban interpretando en el interior de la institución matrimonial.[1] No nos interesa conocer las impresiones del individuo: nos interesa que nos diga aquello que hubiese dicho en su lugar, o hubiera debido decir en su lugar, cualquier otra persona que interpretara ese papel o hablara en nombre de ese conjunto. *Usted* es un pronombre con una connotación de respeto, pero no se trata del respeto de la persona singular sino de la investidura o la *persona ficta.* La supuesta «distancia» que el pronombre *usted* introduciría alude a este desplazamiento de la *persona privata* a la *ficta,* o de la persona singular al personaje social, de individuo al cargo o del semejante a la autoridad. A los franceses les sorprende que los estudiantes españoles tuteen a los profesores porque en Francia se dirigen a ellos tratándolos de *vous* (usted). Pero los españoles, justamente, no tutean a los

---

1. Otto von Gierke, *Les théories politiques du Moyen Âge,* París, Sirey, 1914, p. 156. [Trad. esp.: *Teorías y políticas de la Edad Media,* Madrid, Centro de Estudios Políticos y Constitucionales, 2010.]

profesores porque cuando se dirigen a un profesor o a cualquier otra autoridad diciendo «tú», no añaden «tú, profesor» o «tú, directora» sino «tú, Enrique» o «tú, Estela», de modo que no invocan su estatuto o su dignidad sino su nombre propio. El hecho de que *vous* signifique en francés tanto *usted* como *vosotros,* se entiende perfectamente cuando lo pensamos en español. Cuando tratamos a un interlocutor singular diciendo *vosotros* o *ustedes,* no estamos dirigiéndonos a él como persona singular sino como miembro de un conjunto («vosotros los musulmanes...», «ustedes los estudiantes...»), de modo que esperamos que nos responda en su calidad de integrante de esos conjuntos y no a título individual. «Vosotros los musulmanes» equivale a «tú como musulmán...». Y cuando nuestro interlocutor responde recurriendo al pronombre *nosotros* nos sugerirá igualmente que está dándonos su opinión en su papel de componente de esas colectividades.

La *persona ficta,* por consiguiente, no es solamente un fenómeno jurídico o político sino también, y antes que nada, gramatical: cada vez que una persona pronuncia una frase en primera persona del plural, está hablando en nombre de algún conjunto y encarnando, como consecuencia, alguna *persona ficta.* Nuestras identidades son los diversos personajes que encarnamos. «Cuando nos matan a nosotros...» significa entonces: «yo, en mi calidad o en mi carácter de musulmán, cuando encarno el personaje del musulmán, cuando hablo en nombre de aquellos que no pueden hablar por sí mismos ahora...». El verbo *ser* es el mismo en las proposiciones «Esto es una mesa» y «Yo soy un musulmán», pero no tiene la misma significación: en el primer caso, significa que una cosa forma parte del conjunto de las mesas; en el otro, anuncia que el sujeto de la enunciación va a hablar o actuar en nombre del conjunto de los musulmanes. Y por eso la palabra «identidad» no tiene la misma significación en ambos casos: el objeto tiene una identidad; el sujeto, la asume. Un individuo no tiene una identidad porque tenga una religión, una cultura, un oficio, un sexo o una edad. Un sujeto asume una identidad y la asume cuando se pone a hablar en nombre de esa identidad, diciendo lo que los miembros de ese conjunto hubiesen dicho, supuestamente, en su lugar. Hablar en nombre de un conjunto, en su calidad de miembro de ese conjunto, significa interpretar el papel, y que se trate de una ficción no significa en modo alguno que no tenga consecuencias observables sobre el sujeto que la encarna.

Cuando Hegel hablaba de la «abnegación» del individuo que «niega» la finitud de su persona particular y la vanidad de sus bienes privados entregándose a un «mecanismo de orden exterior y de servicio, de obediencia completa y renuncia total a la opinión propia y al razonamiento, y, en resumidas cuentas, a la ausencia de un sentido y una decisión propias», o cuando hacía coincidir la libertad y la obediencia al Estado, estaba perpetuando la teoría medieval de la *persona ficta*. Y la condición de posibilidad de este fenómeno es una regla gramatical: cuando alguien habla, supongamos, en nombre de los musulmanes –en su calidad, o en su carácter, de musulmán–, nos sugiere que está renunciando a sus opiniones propias o sus razonamientos personales para asumir un papel de portavoz, a la manera del actor que deja de lado sus pensamientos o sus sentimientos y asume los pensamientos y sentimientos de su personaje de ficción. Hay una relación muy estrecha entre esta renuncia y la identidad. Alguien que habla en nombre de los muertos, alguien que le presta su voz a quienes no pueden hablar, ya está aceptando una muerte elocutiva. Y los mártires llevan esta negación de la persona individual, o del actor, hasta la muerte lisa y llana: mueren en nombre de la colectividad. Por eso el Corán afirmaba ya que estos mártires no morían: «siguen vivos, pero no tenéis conciencia de ello».

Los relatos políticos, los relatos que cuentan la historia de una comunidad religiosa, nacional, étnica, de una clase o de cualquier otro sujeto colectivo, sirven precisamente para constituir ese sujeto colectivo, o para que un conjunto de individuos se reconozca en esos conjuntos y empiecen a decir «nosotros los musulmanes» o «yo, en mi calidad de judío» o «en mi condición de estadounidense». Y por eso, a diferencia de lo que pensaban muchos autores de la Ilustración, no vamos a desembarazarnos nunca del fanatismo, porque el fanatismo es un fenómeno vinculado con esa dimensión colectiva de la subjetividad. Psicólogos sociales como Gustav Le Bon, Gabriel Tarde o Freud tenían razón: cualquier individuo puede fanatizarse cuando ingresa en la multitud o en la masa, como si perdieran los criterios individuales para analizar la realidad y adhirieran sin ninguna crítica a consignas o mandatos hipnóticos. Le Bon, Tarde o Freud pensaban que estos comportamientos se producían por fenómenos de mimetismo, de identificación, de sugestión. Pero estos fenómenos responden a un mecanismo lingüístico muy banal: desde el momento en que hablamos en primera persona del plural, desde el momento en que no hablamos en nombre de una comunidad cualquiera, ya estamos resignando nuestra perspectiva individual para interpretar, en un sentido teatral, esa *persona ficta*. Por eso no hace falta participar de una manifestación multitudinaria para que ese mecanismo de anulación del «yo» en favor del «nosotros» se produzca: hace falta, sencillamente, que empecemos a hablar en nombre de «nosotros» o de nuestra condición, nuestra calidad, nuestro carácter de musulmán, judío, católico o socialista. Y si alguien piensa que puede entenderse algo de los sujetos colectivos abordando el problema como si estos sujetos fueran obje- tos —como si no compusieran un «nosotros» sino un «ellos»—, no entenderá cabalmente los fenómenos colecti- vos. La diferencia entre un sujeto humano y un sujeto ani- mal no reside en que el primero tiene «alma racional» y el segundo no, como decía Aristóteles. La diferencia consiste en que el primero dice «yo» y «nosotros», mientras que los animales no lo hacen (lo que no los vuelve inferiores a los hu- manos, y hasta les ahorre tal vez más de un dolor de cabe- za, como habrá podido comprender quien se aventuró has- ta aquí en la lectura). Tratar a los sujetos colectivos como si fueran objetos significa precisamente tratarlos como si fueran animales, lo que no tiene, en sí, nada de malo, por- que la animalidad forma parte de la humanidad. Sucede sencillamente que no estamos hablando de un sujeto colec- tivo mientras abordemos el asunto así. Y las naciones, las comunidades, las clases son sujetos colectivos que no se confunden ni con los conjuntos objetivos, como las espe- cies animales estudiadas por la zoología, ni con las mana- das o las jaurías, no porque los humanos no sean a veces más gregarios que un rebaño de ovejas o más despiadados que una jauría de lobos cazando, sino porque las ovejas y los lobos no dicen ni «yo» ni «nosotros».

NOS HAN DADO LA TIERRA

La promesa hecha a Abraham

La madrugada del 25 de febrero de 1994 el médico israelí Baruch Goldstein pasó entre los guardias de Tzahal
que custodiaban la Tumba de los Patriarcas, ingresó en la
mezquita de Ibrahim –que para él era Abraham– y abrió
fuego contra los musulmanes que conmemoraban el inicio
del Ramadán, asesinando a 29 de entre ellos e hiriendo a
otros 125. En el momento de remplazar el cargador de su
Galil, un palestino logró arrojarse sobre él mientras otro le
propinaba golpes con un extintor hasta matarlo. Goldstein
era un militante del partido nacionalista Kach, fundado
por el rabino Meir Kahane, y había prometido vengarse de
los árabes después de que un activista egipcio asesinara a
este líder religioso en un hotel de Nueva York.[1] Sobre su
tumba, situada a la entrada de la colonia de Kyriat Arba
donde vivía y trabajaba, se lee el siguiente epitafio:

1. Mikaïl Barah, «L'intégrisme juif et la colonisation dans les
Territoires palestiniens occupés», *Revue internationale et stratégique*
2005/1, núm. 57, pp. 93-102.

191

Aquí yace un santo, el doctor Baruch Kappel Goldstein, bendita sea su memoria de hombre justo y santo,
que Dios vengue la sangre del que ofreció su alma a los
judíos, al judaísmo y al país judío. Sus manos son inocentes y su corazón es puro. Fue matado como un mártir de Dios el 14 Adar, día del Purim del año 5754.

En medio de los colonos que concurrieron a los funerales al grito de «¡Mueran los árabes!», se encontraba un
estudiante de la Universidad de Bar Ilán que algunos meses más tarde asesinaría a Isaac Rabin. Yigal Amir se había
incorporado después de la masacre de Hebrón al Frente
Nacional Judío *(Hayil),* un partido organizado clandesti-
namente tras la interdicción de Kach y Kahane Chai. Todas estas organizaciones formaban parte de una tendencia
a la re-sacralización del Estado de Israel iniciada por *Gush
Emunim,* o el Bloque de los Fieles, en 1974 después de la
Guerra de Yom Kipur contra Egipto y Siria. Como los miles de nacionalistas religiosos que se manifestaron el 5 de
octubre de 1995 en el exterior de la Knéset para oponerse
a la ratificación parlamentaria de los Acuerdos de Oslo,
como los rabinos Dov Lior y Nahum Rabinovich que
condenaron a Isaac Rabin acusándolo de *din rodef* –impu-
tación reservada a los judíos que ponen en peligro la vida
de sus hermanos–, como los otros cuatro rabinos que al
día siguiente pronunciaron la maldición cabalística *pulsa
denura* ante la residencia del primer ministro –donde les
suplicaron a los Ángeles de la Destrucción que acabaran
con su vida–, Amir detestaba al líder laborista porque estaba entregando la Tierra de Israel a los palestinos. «Tal
vez», dijo en una de las audiciones, «físicamente yo estaba
solo, pero el que apretó el gatillo no era solamente mi
dedo sino el dedo de toda la nación que, durante dos mil

años, soñó con esta tierra.» «Lo hice en nombre de los miles que vertieron su sangre en defensa del país»,[1] concluyó, resumiendo en pocas palabras lo que significa actuar en nombre de un conjunto, poniéndose la máscara de sus ancestros, interpretando un papel político o encarnando una *persona ficta*.

Solo que el personaje que interpretó Yigal Amir ese día es el protagonista de una narración específica. Para él o para su hermano Hagai —quien le consiguió las balas dumdum que destrozaron los órganos del primer ministro—, existe una «nación» cuyos miembros soñaron durante casi dos mil años —duración aproximada de la diáspora judía— con regresar de una vez por todas a la Tierra de Israel. Quienes «vertieron su sangre» en defensa de ese país no habrían sido solamente los soldados de Tzahal que combatieron a egipcios, sirios, jordanos y palestinos a partir de 1948, sino también los zelotes que dieciocho siglos antes habían preferido morir como mártires en la fortaleza de Masada antes que someterse al poder de los romanos. Y por eso, para Amir, fueron todos estos defensores de la Tierra concedida por Dios a Abraham quienes dispararon contra el *rodef* Rabin aquel 4 de noviembre de 1995. Como muchos israelíes, como el propio Baruch Goldstein y los manifestantes contrarios a los Acuerdos de Oslo, Amir había escuchado durante toda su vida ese relato sobre los orígenes del Estado de Israel.

Podríamos tomar cientos de ejemplos de documentos que reproducen, bajo diferentes variantes, el mismo mito del origen del Estado hebreo. Pero una moción votada por el comité central de partido Herut después de la Guerra

---

1. Citado por Charles Enderlin, *Au nom du temple,* París, Seuil, 2013, p. 211.

de los Seis Días, y redactada por su líder, Menájem Beguín, lo resume a la perfección. La moción, titulada «Declaración de derechos del pueblo judío sobre su patria, la libertad, la seguridad y la paz», asegura que «El pueblo judío tiene un derecho sobre la Tierra de Israel» y que «en su totalidad histórica, ese derecho es eterno y no puede cuestionarse», debido a que «nuestro pueblo erigió su reino en esta tierra, santificó su religión, creó su cultura, recibió la visión de sus profetas que iluminan la vía de numerosos pueblos, desde la Antigüedad hasta nuestros días». Este reino terminó cuando los romanos vencieron a los hebreos «hace 1.898 años y aplastaron su rebelión hace 1.835», lo que trajo aparejada la conquista de Judea, la destrucción del Templo y de la fortaleza de Masada, con sus mártires, «y fue entonces cuando nuestro pueblo fue deportado y dispersado entre las naciones...». El propio Menájem Beguín le contaría esta historia al presidente Ronald Reagan en una misiva enviada en septiembre del 82 para oponerse a la idea de un Estado palestino que incluyera a Cisjordania: «Lo que algunos llaman Cisjordania», le explicaba, «no es sino Judea y Samaria, y esta verdad histórica es eterna.» «Hace miles de años», proseguía este dirigente, «había un reino judío en Judea y Samaria en el que nuestros reyes veneraban a Dios, en el que nuestros profetas expresaron la visión de una paz eterna, en el que desarrollamos una rica civilización que llevamos en nuestros corazones y nuestros espíritus durante el largo periplo de más de dieciocho siglos»: «con ella», concluía Beguín, «regresamos a nuestro hogar».[1] Y por eso, después de la Guerra de los Seis Días, el léxico de los políticos israelíes conocería algunas notorias mutaciones. El Likud dejó de hablar de territorios «ocupa-

1. *Ibid.*, p. 38.

194

dos» y empezó a decir «liberados» y a referirse a los palestinos como a «ocupantes» o «invasores». Así, cuando los periodistas le preguntaron a Beguín si, a pesar del plan de paz propuesto por Jimmy Carter, el gobierno israelí seguiría anexando territorios ocupados, el primer ministro respondió: «¡Son territorios liberados, no ocupados! ¡Es nuestra tierra! ¡La de nuestros ancestros! ¡El presidente de Estados Unidos, Jimmy Carter, que conoce la Biblia de memoria, debería saber a quién pertenece esta tierra! ¡Si no, habríamos invadido también Tel Aviv!»[1]

Este relato alentaría algunos años más tarde el movimiento de las colonias que empezarían a instalarse en Cisjordania y el Sur del Líbano, agravando los conflictos con sus vecinos palestinos y libaneses y volviendo imposible un acuerdo de paz con ellos. En 1982, el rabino nacionalista Hanan Porat aseguraba en una publicación de los colonos, *Nekouda,* que esa región «formaba parte integrante de los territorios incluidos en las fronteras de la promesa» –se refiere a la promesa de Jehová a Abraham–, de modo que «tenemos la obligación de conquistarla y poblarla» porque «el que cree en la verdad de la Torá y en su perennidad no puede hacer una diferencia entre Judea, Samaria y el Sur del Líbano». La conquista de esas tierras no era solamente un derecho del pueblo judío sino también un deber de sus integrantes, un mandamiento divino que cada judío debería acatar. Y por eso este rabino añadiría unas semanas más tarde en el mismo órgano de los colonos que «el mandamiento de poblar la Tierra obliga al pueblo de Israel a conquistar su país de las manos de los extranjeros», «aun al precio de la guerra». Esta guerra no era una fatalidad, consentía este rabino, porque los ocu-

1. *Ibid.*

pantes podían aceptar la conquista sin resistir y retirarse de esos territorios cediéndoselos a los israelíes. Pero «si los pueblos que ocupan la Tierra no están dispuestos a aceptar al pueblo de Israel, a reconocer su soberanía sobre *Eretz Israel*, el mandamiento de conquistar la Tierra es obligatorio, aunque sea al duro precio de la guerra». Cuando Yigal Amir declaró haber actuado «por orden de Dios», no estaba sugiriendo que Jehová le habló y le dijo que asesinara a Rabin. A pesar de su gesto, Amir no tenía nada de un psicótico que escucha voces dándole instrucciones en el interior de su cabeza. El estudiante de Bar Ilán estaba sencillamente reafirmando su compromiso con un relato político sobre el pueblo de Israel.

Adoptando a los ancestros

Todo parece indicar entonces que el sionismo religioso basa sus reivindicaciones políticas en una lectura de la Torá y en un conjunto de valores ancestrales del pueblo hebreo. El relato reproducido en aquellos textos por Beguín y Porat resulta, aun así, reciente. Para empezar, los diferentes grupos de la colectividad judía –asquenazis de Europa Central, sefardíes de España, mizrajíes de Oriente Medio, falashas de Etiopía o malabares de India– no son los fragmentos de un pueblo «deportado y dispersado entre las naciones» después de la destrucción del Segundo Templo y la expulsión de Palestina, sino la consecuencia de la conversión de otros pueblos, como los jázaros de Ciscaucasia o los bereberes del Magreb, obtenidas gracias a la labor proselitista de los rabinos. ¿Puede decirse que estos pueblos convertidos estaban también involucrados en la promesa de Dios a Abraham? ¿Un etíope judío debería cumplir el mandamiento de Jehová y expulsar a los palestinos de las tierras israelíes? Antes de haber vivido la vertiginosa expansión del islam, la península arábiga ya había conocido las conversiones masivas de beduinos al judaísmo desde el siglo II de nuestra era, conversiones que prosiguieron hasta que esta religión fue adoptada por el imperio himyarita que dominó la península entre los años 380 y 524. La difusión del judaísmo entre los árabes había tomado tales proporciones que todavía un siglo más tarde Mahoma se vería obligado, como vimos, a sellar una alianza con la comunidad judía de Medina para conquistar el poder en la ciudad. A lo largo de los siglos, y por diferentes razones, muchas comunidades adoptaron esta religión. Todavía a principios del siglo XX el profeta sudafricano Enoch Mgijima creó la secta de los «israelitas» después de renegar del Nuevo Testamento por considerarlo una herramienta de dominación de los blancos. Estos sudafricanos no se identificaron con la religión de los poderosos sino con la de los perseguidos, y por eso se veían a sí mismos como el pueblo elegido por Jehová y observaban, entre otras cosas, el Sabbat y la Pascua judía. Esta historia tuvo, no obstante, un desenlace trágico cuando este líder, después de una misteriosa revelación, los guió, como Moisés, hacia unas tierras situadas en las inmediaciones de Bulhoek, donde las fuerzas policiales terminarían masacrándolos: 117 de los 500 fieles que constituían la colonia «sionista» fueron asesinados por las tropas del régimen colonial de los Bóers.[1] Como ocurrió también con algunos maoríes de Nueva Zelanda, con los Black Jews de Estados Unidos o los kikuyu de Kenia, el ju-

1. Vittorio Lanternari, *Les mouvements religieux des peuples opprimés*, París, Maspéro, 1962, p. 44. [Trad. esp.: *Movimientos religiosos de libertad y salvación en los pueblos oprimidos*, Barcelona, Seix Barral, 1965.]

daísmo habría llegado en muchos casos de la mano de los predicadores cristianos.

El historiador israelí Shlomo Sand señala que ningún documento permite confirmar siquiera la realidad de una expulsión de Palestina, y hasta tal punto es así que, a falta de tales documentos, y para corroborar la presunta hostilidad atávica de los árabes, algunos historiadores israelíes prefieren remontar el inicio de la diáspora a la ocupación musulmana, sobrevenida seis siglos más tarde.[1] Sand estima incluso que en esta ocasión los judíos de Palestina tampoco fueron «deportados y dispersados entre las naciones» por los ocupantes árabes, sino sencillamente convertidos al islam (si es que se convirtieron todos, porque el islam tolera a la Gente del Libro a condición de que paguen un tributo, y cuando tres siglos más tarde los cruzados ingresaron en Jerusalén, encontraron, de hecho, una colectividad judía que se apresuraron, esta vez sí, a masacrar). El Imperio romano solo les había prohibido a los judíos, como represalia por su rebelión de Bar Kojba, ingresar en Jerusalén, y si bien es cierto que esta ciudad, y sobre todo el Monte del Templo, siguió siendo un lugar sagrado para todos los hebreos, no es necesariamente cierto que hayan soñado durante diecinueve siglos con retornar a esa tierra para construir una nación en torno a ese lugar santo. Cuando los sefardíes, por ejemplo, hablaban de retornar a su patria, no se referían a Palestina sino a España, de donde habían sido expulsados hacia el final del siglo XV después de permanecer allí durante más de siete siglos. Los ancestros de estos sefardíes no provenían tampoco de

1. Shlomo Sand, *Comment le peuple juif fut inventé*, París, Fayard, 2008. [Trad. esp.: *La invención del pueblo judío*, Madrid, Akal, 2011.]

Palestina, sino de algunas tribus bereberes del Norte de África convertidas al judaísmo hacia el final del primer siglo, es decir, después de la destrucción del Templo y del inicio de la diáspora (sus sobrevivientes en la región marroquí del monte Atlas «retornaron» a Israel entre 1950 y 1970). A través de un estudio pormenorizado de los documentos históricos, Sand demuestra que el retorno a Palestina ni siquiera fue un ideal de los judíos antes de la creación del movimiento sionista, sino, curiosamente, un proyecto antisemita. Así, Moses Mendelssohn se oponía a finales del siglo XVIII a los protonacionalistas alemanes, como el teólogo protestante Johann Michaelis, que preconizaban el regreso de los judíos a su presunta patria en Palestina. No había que confundir, para Mendelssohn, el culto y la nacionalidad: los judíos eran tan alemanes como los protestantes o los católicos que poblaban el país, y no había otra patria para ellos. Mendelssohn no pensaba, como Menájem Beguín, que los ancestros de los judíos asquenazis de Europa Central fueran los judíos de la Biblia.[1] Los propios cristianos, después de todo, también pertenecían a una religión originada en Palestina, y a nadie se le hubiese ocurrido decir que debían regresar a la «patria» de sus ancestros. Mendelssohn se oponía así a la típica acusación de «apátridas» que los antisemitas esgrimían a la hora de discriminar a los judíos. Durante la mayor parte del siglo XIX, tanto los judíos laicos como los religiosos rechazaban la idea de una patria judía y bregaban por la integración de los judíos en sus países de residencia. Aunque el antisemitismo se remonta a los orígenes del cristianismo

1. Shlomo Sand, *Comment la terre d'Israël fut inventée*, París, Fayard, 2014, p. 270. [Trad. esp.: *La invención de la Tierra de Israel,* Madrid, Akal, 2013.]

occidental, el vocablo *antisemita* fue creado en 1879 por un antiguo anarquista alemán, Wilhelm Marr, quien después de publicar un panfleto titulado «El triunfo del judaísmo sobre el germanismo», funda la Liga Antisemita, en cuyo programa se preconiza el retorno de los judíos a su «verdadera patria»: Palestina.[1] En medio de la ola de antisemitismo desatada por el affaire Dreyfus en Francia, un periódico judeo-alemán aseguraba todavía a principios de 1898 que «sobre la cuestión del amor al Emperador y al Reich, al Estado y a la patria, todos los partidos del judaísmo son unánimes, tanto los ortodoxos como los reformadores, los de estricta observancia como los ilustrados».[2] Un judío alemán como Ernst Kantorowicz, de hecho, formaría parte de los Freikorps nacionalistas que reprimieron la rebelión polaca de su provincia natal, Posen, justo después de la Primera Guerra Mundial, así como el levantamiento espartaquista de Berlín de 1919, donde fueron asesinados Rosa Luxemburgo y Karl Liebknecht. El hecho de que, retrospectivamente, Kantorowicz haya ocultado esta militancia, no se explica por una vergonzante «traición» de juventud a la causa judía, sino por la posterior reivindicación de ese nacionalismo por parte del nacionalsocialismo antisemita, lo que muestra hasta qué punto el antisemitismo no era el destino inexorable de los nacionalismos del siglo XIX. A Kantorowicz no se le hubiese ocurrido nunca asociar su militancia nacionalista con el futuro Estado de Israel, del mismo modo que el propio Alfred Dreyfus, in-

1. Unos años antes de su muerte, y después de haber contribuido a la propagación de un mal que acabaría favoreciendo el triunfo de los nazis en 1933, Marr haría público su arrepentimiento en un texto titulado *Testamento de un antisemita*.

2. Citado por Shlomo Sand, *Comment la terre...*, ed. cit., p. 276.

justamente acusado de traicionar a Francia, no hubiese defendido otra patria. El fascismo italiano, por ejemplo, no empezó a asumir posiciones antisemitas hasta el otoño de 1938, es decir, a partir de su alianza con los nazis; hasta ese momento, como explica Franklin Adler, era uno de los gobiernos más filosemitas de Europa, y el partido sumaba una gran cantidad de intelectuales judíos, algunos de ellos muy cercanos a Mussolini.[1] El partido nacional fascista contaba con 746 militantes judíos en los años veinte, de los cuales tres serían declarados «mártires fascistas» después de caer en los combates que enfrentaron a los partidarios del Duce con los militantes del partido socialista. Entre los diputados fascistas elegidos en 1921, nueve eran judíos, y uno de ellos, Guido Jung, asumiría incluso el cargo de ministro de Finanzas entre 1932 y 1935. El célebre dibujante Hugo Pratt, de origen sefardí, recordaba en sus memorias la pasión de su padre por Mussolini, pasión que lo llevó a morir durante la guerra en Etiopía. Y si la mayoría de los judíos italianos no adhirió nunca al fascismo, no se debe a que creyeran que su verdadera patria era Israel: sin dejar de sentirse italianos, muchos de ellos militaban en las filas de los partidos internacionalistas.

Un giro fundamental había empezado a producirse no obstante en 1895 cuando el fundador del movimiento sionista, Theodor Herzl, publicó *El Estado de los judíos*. A diferencia de Mendelssohn, Herzl empezaba a pensar que los judíos debían tener su propia patria, y que esta patria no se confundía con cada uno de los países en que los judíos vivían. El judaísmo, para Herzl, ya no era una religión sino una nación sin Estado. Y una nación, para él,

---

1. Franklin Hugh Adler, «Pourquoi Mussolini fit-il volte-face contre les Juifs?», *Raisons politiques* 2006/2, núm. 22, pp. 175-194.

como para la mayoría de los movimientos nacionalistas del siglo XIX, suponía la identidad étnica de un pueblo, es decir, una cultura que no se confundía necesariamente con la religión y que le permitía a Herzl reunir en esa misma identidad a los judíos religiosos y laicos. Para proponer la idea de una identidad étnica del pueblo judío, Herzl debía, precisamente, desacralizar la cultura, separándola implícitamente del culto, como lo hicieron muchos otros movimientos nacionalistas, cristianos o musulmanes, lo que significaba también independizarla de los lugares santos. A principios del siglo XX el sionismo defendía la idea de una tierra para los hebreos, donde pudieran vivir por fin en paz y al abrigo de discriminaciones y pogromos, pero esa tierra no se encontraba necesariamente en torno al monte Sion. Y por eso el propio Herzl se preguntaba todavía si había que darle la preferencia «a Palestina o a Argentina»:[1] «La Sociedad aceptará lo que le sea atribuido, teniendo en cuenta la opinión judía al respecto.»[2] Así, durante el sexto congreso sionista celebrado en 1903, 292 delegados votaron a favor de la colonización de Uganda, 177 en contra y 132 se abstuvieron. En su célebre mensaje a Lord Rothschild de diciembre de 1917, el primer ministro Arthur Balfour le aseguró que el gobierno de Su Majestad contemplaba favorablemente la idea de que se convirtiera en un «*national home for the Jewish people*», a condición, por

1. A partir de 1891, la Jewish Colonization Association del barón Maurice de Hirsch empezó a comprar terrenos en las provincias argentinas de Entre Ríos y Santa Fe, donde se instalaron unas 170 colonias agrícolas compuestas por familias provenientes sobre todo de Rusia y Rumania, dando lugar a los famosos «gauchos judíos» del dramaturgo Alberto Gerchunoff.
2. Citado por Shlomo Sand, *L'invention du peuple juif,* ed. cit., p. 291.

supuesto, de que esto no afectara «los derechos civiles y religiosos de las comunidades no judías existentes». El Acuerdo Haavara, de agosto de 1933, firmado por las autoridades nazis y la Federación Sionista de Alemania, previó el traslado de los judíos alemanes y una parte de sus bienes hacia los territorios palestinos. Unos 60.000 judíos lograron abandonar así Alemania antes de que la negativa de las autoridades británicas a seguir recibiendo a estos refugiados librara al resto de sus correligionarios a la furia genocida de los nazis. Pero todavía el 6 de junio de 1967, y después de la contundente victoria sobre los ejércitos de Egipto y Jordania, el general Moshé Dayán manifestó con mucha claridad sus dudas cuando Uzi Narkis le propuso arrebatarles a los palestinos el Monte del Templo: «¿Para qué necesitamos semejante Vaticano?»,[1] le replicó.

Como parecían haberlo planteado en un inicio los dirigentes del sionismo, muchas comunidades judías del mundo precisaban encontrar una tierra, y erigir allí un Estado, para sustraerse a las periódicas persecuciones y matanzas que padecían en sus países de origen. Y después de la Shoá, la independencia del Estado de Israel parecía la solución más acertada. Este vínculo entre la Shoá y la fundación del Estado de Israel llevó a algunos historiadores negacionistas, como Roger Garaudy, a criticar el «mito» de los campos de exterminio y las cámaras de gas. Pero la palabra *mito,* para este francés, era sinónimo de mentira, porque el Estado de Israel, desde su punto de vista, habría invocado la atrocidad de este genocidio para darle legitimidad a la ocupación de los territorios palestinos. A la manera de otro célebre negacionista francés, Robert Faurisson, Garaudy no criticó la elaboración de un mito nacional, cuya estruc-

---

1. Citado por Charles Enderlin, *op. cit.,* p. 22.

tura y función corresponden a los de muchos otros mitos nacionales o a los de muchos pueblos perseguidos, sino la veracidad del testimonio de miles de sobrevivientes, como si estos se hubiesen puesto de acuerdo para acusar a los nazis de un crimen que no cometieron.

Los campos de exterminio existieron, las cámaras de gas también y el genocidio perpetrado por los nazis fue uno de los más aberrantes de la historia de la humanidad. Otra cuestión es qué interpretación se hace de este hecho histórico y en qué secuencia narrativa se lo coloca: hablar de narración o de mito no significa necesariamente aludir a hechos inexistentes sino a maneras de disponer un conjunto de hechos históricos o no. Una cosa es hablar de una tierra en donde pudieran vivir todos los judíos perseguidos del mundo, y en especial los sobrevivientes de los campos de exterminio, de los pogromos, de las discriminaciones y del delirio antisemita de muchas organizaciones europeas. Algo muy diferente es explicar la Shoá y las persecuciones por el hecho de que los judíos, «desposeídos de su tierra», estuvieran obligados a vivir durante siglos en patrias ajenas. Este último orden de causas y efectos proviene de la narración adoptada por Yigal Amir, Menájem Beguín o Hanan Porat, la misma que presenta a los judíos soñando durante dos milenios con la Tierra de Israel. Como lo sugiere el propio Amir, este relato no se basa en un testimonio, en el sentido de una declaración de alguien que presenció ciertos eventos, sino en un testimonio en el sentido de un martirio: este relato es cierto, para él, porque miles de judíos murieron por él y están dispuestos a seguir haciéndolo. Solo que los zelotes de Masada no murieron por este relato. Son Amir, Beguín o Porat quienes interpretan retrospectivamente la historia de esta manera. Los tres introducen un contenido político nacionalista en

el viejo relato mesiánico del judaísmo. El relato nacionalista, sin embargo, no se retrotrae a la Torá, y hasta tal punto es así que muchas autoridades religiosas se muestran sumamente cautas a la hora de atribuirle un contenido sagrado (los antisionistas ultraortodoxos de Neturei Karta, por
ejemplo, llegan al extremo de rechazar la creación del Estado de Israel porque consideran que el antiguo reino de
Judea fue destruido por voluntad divina y que solamente el
Mesías podría restablecerlo, de modo que no solamente
desalientan la emigración de los judíos a esa tierra sino
que además sostienen a la OLP, lo que explica por qué
uno de sus dirigentes, el rabino Moshé Hirsch, se convirtió
en ministro de Asuntos Judíos de Yasser Arafat). Cuando
Beguín habla de «nuestros reyes», de «nuestros profetas»,
cuando le cuenta a Reagan que «desarrollamos una rica civilización que llevamos en nuestros corazones y nuestros
espíritus durante el largo periplo de más de dieciocho siglos», está repitiendo en cada una de las frases de su relato
la misma primera persona del plural, y esta repetición sugiere que el protagonista del relato es un solo y mismo pueblo. Primero, este pueblo desarrolló una espléndida civilización en Cisjordania; a continuación, este mismo pueblo
fue expulsado de esa tierra, se pasó dos milenios esperando
regresar a ella y ahora está luchando contra unos enemigos
que, durante su ausencia, usurparon esos territorios, a saber: los musulmanes. Pero ¿cómo no reconocer en estos
episodios y estas peripecias una secuencia narrativa típica?
En el origen, los judíos estaban unidos y libres hasta que
un adversario vino a dominarlos y dispersarlos. Con la
creación del Estado de Israel, esa libertad y esa unidad ori-
ginarias estaban empezando a verse restituidas y solo bastaba con vencer a los últimos adversarios: los árabes. Y por
eso algunos sionistas religiosos llegan a asegurar que el Me-

sías llegaría cuando Israel terminara de reconquistar los territorios ocupados, a tal punto que muchos creyeron haberlo percibido en 1967 cuando Moshé Dayán aceptó finalmente ocupar el Monte del Templo. A propósito de ese día Hanan Porat contaba:

En plena batalla sentí –y se lo conté a los compañeros– que estábamos escribiendo un capítulo de la Biblia. Todos, sin excepción de grado, éramos los soldados del rey David. Cuando llegamos al Monte del Templo, y delante de Muro, vi a mi lado a mis camaradas paracaidistas llorar.[1]

Los actuales samaritanos suelen recordar que los «israelitas» que fundaron el reino de Samaria no eran los ancestros de los israelíes, porque ni siquiera eran judíos sino, precisamente, samaritanos, de modo que, si se respetara el principio invocado por Amir, Beguín y Porat, tendrían más derechos sobre la actual Cisjordania que el Estado de Israel. De ahí que la cuestión de las excavaciones arqueológicas en esos territorios se haya convertido en un asunto tan delicado. Si los arqueólogos encontraran una sinagoga en Cisjordania anterior a la ocupación romana, ¿no sería la prueba de que esa tierra pertenecía a los judíos? Pero el asunto no es saber si había habido una «rica civilización» judía, o no, en esas tierras, sino a qué está haciendo alusión el adjetivo *judío:* si se trata del mismo pueblo –pero entonces por qué sería el mismo– o si se trata de la misma religión, y si el hecho de que un grupo de creyentes haya erigido en ese lugar una sinagoga les da derecho a otros creyentes a reclamar esa tierra, como si los cristianos les re-

1. Citado por Charles Enderlin, *op. cit.,* p. 25.

clamaran ahora a los turcos Estambul, es decir, Constanti-
nopla o Bizancio, una de las ciudades más importantes
para la Iglesia de Oriente. Como le respondió Yasser Arafat a Madeleine Albright cuando esta le dijo que el Estado
de Israel nunca renunciaría a la soberanía sobre la tierra en
donde había estado el Segundo Templo: «¿Y qué tiene que
ver? ¡En Gaza hay ruinas romanas y los italianos no reivin-
dican la soberanía de esas tierras!»

Beguín no tenía inconveniente en definir al pueblo judío por su identidad religiosa, pero muchos judíos o israelíes laicos no estarían de acuerdo con esto aun cuando
sigan refiriéndose a un «pueblo judío» y hasta reivindi-
quen su derecho a retornar a la «tierra de sus ancestros».
Los religiosos y los laicos no comparten entonces una religión, o un conjunto de creencias y liturgias, de prescripciones y tabúes. Para resolver este problema, Herzl y los
nacionalistas israelíes se inspiraron en la tradición del nacionalismo *völklisch* alemán y elaboraron una teoría etno-
rracial del judaísmo, tesis que, por un lado, refrendaba la
idea de que los judíos eran, todos, los descendientes de
Isaac, y que por sus venas corría, como consecuencia, la
misma sangre; tesis que reafirmaba, por el otro, las posiciones de los antisemitas europeos, para quienes los judíos formaban parte de una raza y una etnia diferentes y
que debían «regresar», como consecuencia, a su patria de origen. Aunque este discurso *Blut und Boden* careciera de cualquier sustento histórico, terminó imponiéndose a lo largo del siglo XX y sirvió de fundamento a la creación del
Estado de Israel. Hubo que inventar entonces aquella tradición étnica adoptando el lenguaje de los textos religiosos, el hebreo, en detrimento del ídish de los asquenazis,
del español sefardí, del agaw de los falashas o del malayalam de los malabares (algo así como si los católicos de di-

ferentes países hubiesen querido crear un Estado «romano» adoptando el latín como lengua nacional). Los propios dirigentes israelíes abandonaron sus nombres de nacimiento, con resonancias alemanas o rusas, y adoptaron otros con resonancias hebreas: David Grün, por ejemplo, cambió su nombre por David Ben Gurion, y Mieczysław Biegun, por Menájem Beguín. Y no hay ninguna impostura en esto: lo hicieron porque se sentían hebreos, porque pensaban y sentían que aquellos hombres y mujeres que se habían liberado de los egipcios o que se habían batido con los romanos eran sus antepasados aunque solamente fueran quienes practicaran una misma religión, o una variante de esa religión, antes que ellos, aun cuando ellos mismos no practiquen esa religión. Lo hicieron porque pensaban que los judíos habían regresado, por fin, a la tierra de sus ancestros y que una nueva era comenzaba para ellos. ¿Pero los Black Muslims estadounidenses, no hicieron algo semejante? También adoptaron nombres musulmanes, como cuando Cassius Clay se convirtió en Mohamed Ali, o Malcolm Little en El-Hajj Malek El-Shabazz, y también pensaron y sintieron que sus antepasados se habían batido contra los cruzados que querían oprimirlos como los oprimían los cristianos blancos de la actualidad. Y estas adopciones retrospectivas de ancestros pueden llegar a ser tan contundentes en algunas narraciones políticas que, a principios del siglo XIX, el revolucionario venezolano Francisco de Miranda no tenía ningún empacho en «recordarles» a los españoles americanos, es decir, a los criollos, que ellos eran los descendientes «de aquellos valientes indios» que se habían batido contra los conquistadores a principios del XVI. Este relato les sirvió a los criollos para legitimar la posesión de esas tierras sin necesidad de recordar a sus ancestros conquistadores, pero también para establecer, en un momento político de peligro, la idea de un «nosotros» que incluyera a los criollos y los indios, y estableciera una relación de igualdad y fraternidad con ellos. Los criollos no tardaron en desmentir, es cierto, ese «nosotros», pero los efectos de aquel relato perduran hasta el día de hoy en la unidad de las repúblicas hispanoamericanas o cuando un argentino o un uruguayo, descendiente de italianos, de judíos o incluso de españoles, le suelta a un español un «cuando ustedes nos conquistaron», porque piensa que su verdadera identidad es americana y, como consecuencia, es el hermano de suelo de los pueblos originarios.[1]

¿Qué comparten entonces los judíos de los diferentes pueblos, de las diferentes lenguas y de las diferentes culturas? ¿Qué tienen en común los judíos de Etiopía que hablan agaw, los judíos de Cochín que hablan malayalam y los «gauchos judíos» que, mientras hablaban ídish, tomaban mate en Argentina? ¿Cuál es el denominador común de los judíos creyentes y ateos? Como cualquier otra colectividad, todos tienen en común un relato acerca de sus orígenes, sus luchas y su porvenir. La identidad judía es el personaje de aquella historia que cada uno escucha y cuenta. Alguien es judío cuando al decir «nosotros» se refiere a ese protagonista de la narración judía, una narración cuyos contenidos fueron variando, y seguramente seguirán variando, en función de las diferentes coyunturas históricas, del mismo modo que varió entre Mendelssohn y Beguín. Y esta narración se encuentra entre la religión y la política porque nos permite entender por qué un pueblo asume, como en este caso, una posición en su relación con otro pueblo, o por qué propone otra interpretación de los textos religiosos.

1. Dardo Scavino, *Narraciones...*, ed. cit.

209

El relato del sionismo religioso actual introduce los mismos tipos de paralelismo del relato yihadista y de cualquier otro relato político. Presentan algunos conflictos del pasado del pueblo hebreo –tomados, o no, de la Torá– y los elevan al estatuto de episodios premonitorios de la guerra actual contra los palestinos. Puede tratarse de las guerras contadas en el Éxodo –que enfrentaron a los hebreos con, entre otros, los hititas o los cananeos–, o de la guerra de los zelotes contra los romanos antes de la destrucción del Segundo Templo. Lo importante es establecer con claridad la metáfora proporcional: los judíos del pasado son a los romanos lo que los judíos de la actualidad a los palestinos. Quienes cuentan y escuchan esta narración saben, por supuesto, que los romanos no son los palestinos, o que hay solamente una analogía entre ambos, desde el momento en que ocupan el mismo lugar en la lucha contra los judíos. Pero la clave de la operación se encuentra, precisamente, ahí. ¿Los judíos del pasado son los mismos que los judíos del presente? ¿O se trata también de una analogía? Para Amir, Beguín o Porat no cabe duda: se trata del mismo pueblo. ¿Por qué? Porque los judíos «deportados y dispersados entre las naciones» son los herederos o los descendientes de un solo y mismo pueblo. Y la prueba de esta unidad residiría en el hecho de que unos y otros tienen, a pesar de la diáspora, una misma religión, aunque muchos de esos judíos no sean religiosos. Pero aun cuando aceptáramos esta explicación de por qué se trata de un solo y mismo pueblo, y no tuviéramos en cuenta la realidad histórica de las conversiones a lo largo de los siglos, no estamos obligados a admitir que el conflicto entre judíos y palestinos forma parte de la historia de las guerras de religión. La religión se presenta aquí, una vez más, como el pasado de la política: el archivo de oposiciones significantes que permite convertir al pasado en una prefiguración del presente.

En uno de los mejores relatos del mexicano Juan Rulfo, un grupo de campesinos atraviesa el llano de Sonora en busca de la tierra que les prometió el gobierno después de la revolución de 1910. Desde el inicio, Rulfo pone en evidencia la relación intertextual entre su cuento y el Éxodo: esos campesinos mexicanos estaban repitiendo la historia del pueblo hebreo cuando abandona Egipto, atraviesa el Sinaí y llega a la Tierra Prometida. Muchos protagonistas de las revoluciones modernas se vieron a sí mismos como aquellos judíos que escaparon de la «casa de la esclavitud» para llegar a esa tierra en donde podrían vivir libres de cualquier opresión. Esta casa era, para los campesinos mexicanos, el régimen del latifundio creado cuando los gobiernos de Benito Juárez y Porfirio Díaz privatizaron las tierras comunales, o ejidos, abriendo el camino a la formación de monopolios de tierras cultivables en manos de las grandes fortunas. Pero el título de este relato, «Nos han dado la tierra», anticipa ya que el antagonismo político entre «nosotros» y «ellos», entre la primera y la tercera persona del plural, no pasa por la diferencia entre campesinos y hacendados sino entre campesinos y representantes del gobierno: «ellos» terminaron apropiándose las tierras fértiles y les dejaron a los campesinos –combatientes durante la revolución contra las tropas porfiristas– las tierras yermas del llano en donde «ni maíz ni nada nacerá». Y por eso el relato de Rulfo concluye con una frase de una cruel ambigüedad –«La tierra que nos han dado está allá arriba»–, como si los campesinos no pudieran esperar otra liberación que la redención religiosa.[1]

A lo largo de la historia, la narración mesiánica de Amir, Beguín o Porat apareció asociada con otros contenidos, o significados, políticos. Para un filósofo religioso como Martin Buber, por ejemplo, ese relato no contaba por anticipado la historia de la emancipación de una nación en particular «sino la redención del mundo». Porque la emancipación del pueblo judío no era, desde su perspectiva, «sino un signo y un camino hacia la emancipación» de todos los perseguidos y oprimidos de la Tierra. Y por eso el filósofo alemán criticaba en una conferencia de 1939, pronunciada en Jerusalén, a las corrientes del sionismo que confundían el viejo relato mesiánico con la independencia nacional. No es raro entonces que Buber hubiera fundado con Gershom Scholem, Henrietta Szold y Albert Einstein, entre otros, el movimiento Brit Shalom, favorable a una convivencia pacífica entre judíos y árabes, ni que hubiese creado en 1942 el partido Ihud (la Unión), que proponía la creación de un Estado binacional, judeoárabe, en Palestina. No había ninguna razón, a su entender, para que un Estado tuviera una homogeneidad étnica y religiosa como lo pretendían esos nacionalismos europeos que los judíos habían sufrido en carne propia. Y por eso el relato mesiánico no legitimaba, para Buber, la implantación de colonias en Cisjordania, en nombre de una presunta reconquista de la Tierra de Israel, sino la construcción de *kibbutzim*, donde judíos y palestinos pudieran compartir la tierra, el trabajo y sus frutos. Hacia finales del siglo XX, no obstante, este gran relato entró, como

1. Juan Rulfo, *El llano en llamas,* México, Fondo de Cultura Económica, 1980, p. 35.

todo el mundo sabe, en crisis, e Israel no quedó al margen de esto: ese gran relato que el propio mesianismo judío había inspirado, esa narración que le prometía una salvación a la humanidad en su conjunto terminó angostándose hasta la promesa de un Estado nacional. Lo que muestra hasta qué punto el realismo que supuestamente vino a remplazar a los grandes relatos no es sino un mesianismo mermado y un sueño estrecho.

No hay que buscar entonces los conflictos entre israelíes y palestinos en sus respectivas religiones (muchos palestinos, dicho sea de paso, no son musulmanes sino cristianos, como la propia esposa de Arafat). Las fuentes de este antagonismo se encuentran en las políticas que, desde hace algunos años, hicieron pasar el conflicto a través de la frontera entre esas religiones y que se apropian los textos del pasado sacro para que le sirvan de pretexto a un conflicto presente y profano. Y cuando decimos que se apropian esos textos no estamos sugiriendo que esa apropiación sea ilegítima: las diferentes corrientes del judaísmo, del cristianismo y del islam no cesaron de reinterpretar los textos sagrados, como ocurre con católicos y protestantes o con sunitas y chiitas. Pero esas reinterpretaciones provienen de los diferentes relatos que se disputan la hegemonía política en el seno de las sociedades de su tiempo. Y las diferentes interpretaciones de la Torá, propuestas por Buber y Porat, o por Scholem y Beguín, no son sino maneras de apelar a la divinidad para que dirima de una vez todas las discrepancias actuales.

LA PROSAPIA DE LOS MÁRTIRES

> Yo cumplo con una misión de Dios. Dios me dijo: «George, ve y combate a esos terroristas en Afganistán.» Y así lo hice. Entonces Dios me dijo: «George, ve y termina con esa tiranía en Irak.» Y así lo hice.
>
> GEORGE W. BUSH, cumbre de Sharm el-Sheikh, 3 de junio de 2003[1]

La ciudad en la colina

Los puritanos del *Mayflower* que zarparon del puerto inglés de Plymouth el 11 de julio de 1620 y recalaron el 26 de noviembre en las costas de Massachusetts, traían entre sus libros uno, escrito por el reverendo inglés John Foxe, que el editor había titulado *Acts and Monuments* pero que todo el mundo conocía como *The Book of Martyrs*. Como muchos otros martirologistas, Foxe había empezado por recordar en sus páginas los suplicios y ejecuciones de los seguidores de Cristo en la Antigüedad. Pero la originalidad de su historia se concentraba en la segunda parte, cuando inscribió en el mismo linaje de los mártires romanos tanto a los diversos grupos heréticos de la Edad Media como a las sectas protestantes de la incipiente Edad Moderna. La Inquisición, el duque de Alba o los secuaces de María Estuardo habían martirizado a muchos partidarios de Lutero y de Calvino, de modo que los reformistas

---

1. *The Guardian*, 6 de octubre de 2005, https://www.theguardian.com/news/blog/2005/oct/06/georgebushgod

aparecían, en la narrativa de Foxe, como los herederos de los primeros cristianos, y los papistas, en cambio, como descendientes de los antiguos paganos.[1] Este relato causaría una impresión tan profunda entre los puritanos ingleses que algunos años más tarde el reverendo John Cotton diría que «el Espíritu Santo no hace ninguna diferencia entre el paganismo papista y el paganismo de los paganos», dado que «el papismo es simplemente un paganismo más refinado» y «el estado de los papistas que mueren en el papismo es más peligroso que el estado de los paganos que mueren en la ignorancia».[2] Esto explica también por qué su nieto, el reverendo Cotton Mather, estudiaría vertiginosamente la lengua castellana para escribir *La fe del christiano*, un opúsculo dirigido a los habitantes de las colonias españolas a quienes los protestantes debían liberar de la opresión de los papistas.[3]

Si para los puritanos existía una prueba contundente de que ellos eran el «pueblo elegido», esta se encontraba en el martirio de sus correligionarios: Dios los había puesto a prueba para que dieran testimonio de su fe ante el mundo. El peregrinaje de los puritanos llegados de Plymouth es el acto fundacional de la nación norteamericana: el equivalente de la hégira o el éxodo. Los *Pilgrim Fathers* arribaron a tierras americanas resueltos a fundar la Nueva Jerusalén porque se veían a sí mismos como a los hebreos que huían de los suplicios de la esclavitud en Egipto para

1. Nicole Guétin, «USA: généalogie du religieux dans le discours politique», *Les Temps Modernes* 2004/1, núm. 626, pp. 99-117.

2. Theodore Maynard, *Histoire du catholicisme américain*, París, Le Portulan, 1948, p. 66.

3. Jacques Blondel, «L'équivoque puritaine», *Bulletin de la société d'études anglo-américaines des XVIIᵉ et XVIIIᵉ siècles*, núm. 8, 1979, pp. 5-15.

dirigirse a la Tierra Prometida donde «mana la leche y la miel». Diez años más tarde, el reverendo John Winthrop explicaría en un sermón pronunciado a bordo del *Arabella* que los puritanos serían «como una ciudad en lo alto de una colina» a la cual se dirigirían «los ojos de todos los pueblos». Porque esos calvinistas acababan de firmar una «nueva alianza» con Dios, y si ellos la cumplían, Dios la cumpliría también. Winthrop estaba parafraseando un sermón de Jesús en el Evangelio de Mateo: «Vosotros sois la luz del mundo: una ciudad asentada sobre una colina no se puede esconder», «alumbra a todos los que están en casa» y también al resto de los hombres «para que vean vuestras buenas obras y glorifiquen a vuestro Padre que está en los cielos».[1]

En vez de atravesar el mar Rojo, los peregrinos atravesaron el Atlántico. En vez de llegar a Canaán, llegaron a Massachusetts.[2] Uno de los pasajeros del *Mayflower* y futuro gobernador de Plymouth Colony, Edward Winslow, escribiría en su obra *Good News from New England,* que «Dios tenía sin lugar a duda un designio cuando les dio esas tierras en herencia a nuestra nación», y los predicadores protestantes repetirían este mismo relato en los siglos venideros, como sería el caso de James Dana, un pastor de la iglesia congregacionalista de New Haven durante las revoluciones de la Independencia: «Cuando nuestros ancestros buscaban un refugio lejos de la opresión, Dios les trazó un camino en el mar y les tendió una mesa en el desierto.» Estos hechos, a su entender, probaban irrefutable-

---

1. Citado por Nicole Guétin, *États-Unis: l'imposture messianique,* París, L'Harmattan, 2004, p. 25.
2. Conrad Cherry, *God's New Israel,* Duke, The University of North Carolina Press, 1998.

mente la intervención de la Providencia en el arribo de los peregrinos a las costas americanas. Cabe recordar no obstante que aquella mesa tan generosamente tendida por la gracia divina fue un obsequio de los indios wampanoag, los mismos que les aportaron alimentos a esos invasores pálidos que descendían de los navíos hambrientos y con escorbuto. El jefe Massasoit había preferido alimentar a esos hombres antes que verse obligado a recurrir a las armas cuando ellos, desesperados, vinieran a robarles la comida a las aldeas. Estos indios, que les enseñaron a los puritanos a cazar, pescar y sembrar maíz para sobrevivir, fueron retribuidos por sus dones y sus servicios educativos con el exterminio liso y llano, como lo denunciaría el propio fundador de Providence, el baptista Roger Williams, quien, a diferencia de sus correligionarios, dirigió durante años una comunidad compuesta por peregrinos e indios. El mismísimo Jehová, después de todo, les había dado a los hebreos la orden de exterminar a los cananeos, mandato divino que recibieron la mayoría de los pueblos que se dedicaron a masacrar a algún vecino. Para justificar estas matanzas, y repitiendo la idea de una malevolencia de los «paganos», otro gobernador de Plymouth Colony, William Bradford, comparó a los indios con los papistas españoles: «El español podría mostrarse tan feroz como los salvajes de América, y el hambre y la pestilencia mostrarse tan destructora aquí como allá.»[1] El reverendo Bradford, sin embargo, había sido el primer gobernador en instituir el *Thanksgiving*, o el Día de Acción de Gracias, para conmemorar el gesto de los wampanoag para con los puritanos.

1. Kevin Reilly, Stephen Kaufman, Angela Bodino (eds.), *Racism. A Global Reader*, Nueva York, Sharpe Inc., 2003, p. 123.

Cuando un siglo y medio más tarde George Washington introduzca oficialmente este festejo en la flamante nación independiente, los indios ya habían desaparecido de Massachusetts y de la memoria colectiva para verse sustituidos por la Divina Providencia:

> Considerando que el deber de todas las naciones consiste en reconocer la Providencia de Dios Todopoderoso, en obedecer a su voluntad, en mostrarse agradecidos por sus favores y en implorar humildemente su protección y su ayuda, y mientras que las dos cámaras del Congreso me pidieron aconsejar al pueblo de los Estados Unidos que un día público de acción de gracias y de oraciones sea observado en reconocimiento por los numerosos signos del favor de nuestro Dios Todopoderoso, en particular por haberle dado al pueblo los medios para establecer pacíficamente una forma de gobierno favorable a su seguridad y su felicidad. Decido entonces establecer y asignar que el primer jueves después del 26 de noviembre sea consagrado por el Pueblo de estos Estados al servicio del gran y glorioso Ser, que es el buen Autor de todo lo que existió, de todo lo que existe y existirá de bueno. Podemos unirnos entonces todos dándole nuestro sincero y humilde agradecimiento, por su cuidado y su protección...[1]

Es cierto que los colonos novo-ingleses habían empezado a rebelarse contra algunas tasas impuestas por la Corona británica. Pero esta protesta se tradujo en una revolución de independencia cuando el rey firmó en 1774 el *Quebec*

1. *Thanksgiving proclamation,* http://archive.wikiwix.com/cache/?url=http%3A%2F%2Flcweb2.loc.gov%2Fammem%2FGW%2Fgw004.html

Act, ese acuerdo que les concedía a los indios una buena parte del territorio situado al oeste de los Apalaches, y las tierras en torno a los Grandes Lagos a los papistas franceses instalados a orillas del San Lorenzo. A los ojos del reverendo Jonathan Mayhew de Boston, el acuerdo con los indios y los católicos –o con las dos variantes del «paganismo» en la interpretación de John Cotton– aparecía como una traición inadmisible del destino providencial de los colonos protestantes: «En esta parte de América se extenderá un gran y próspero reino donde viviremos felices» porque «la religión que será profesada y practicada a través de él tendrá una pureza y una perfección más grande que la practicada después de la época de los apóstoles».[1] Uno de los *Founding Fathers* de los Estados Unidos, el congregacionalista John Adams, le explicaría a su electorado que «los Estados Unidos habían sido designados por la Providencia para ser el teatro en donde el hombre debe alcanzar su verdadera estatura, en donde la ciencia, la virtud, la libertad, la felicidad y la gloria deben prosperar en paz».[2] Y la prosperidad del nuevo país va a convertirse más tarde en una señal de que la Providencia favorecía a los colonos puritanos. Repitiendo una narración teológico-política que se remonta a *La Ciudad de Dios* de San Agustín y que suele conocerse como *translatio imperii*,[3] el reverendo Abiel Abbot llegaría a la conclusión de que la grandeza de los Estados Unidos era una señal de que el país había sido elegido por la Divina Providencia. «¿Sería presuntuoso pensar», se preguntaba Abbot en un sermón, «que la colonización, el crecimiento

---

1. Citado por Nicole Guétin, *États-Unis...,* ed. cit., p. 34.
2. Citado por Nicole Guétin, *États-Unis...,* ed. cit., p. 45.
3. Dardo Scavino, «Sarmiento y la *translatio imperii*», *Estudios de Teoría Literaria,* año 5, núm. 10, septiembre de 2016, pp. 167-177.

rápido, la independencia precoz y la prosperidad sin igual de este país son las vías elegidas por la Providencia para reforzar y extender su Iglesia, contra la cual las Puertas del Infierno no predominarán?»[1]

La nación norteamericana heredó de los *Pilgrim Fathers* esa arraigada creencia: ellos eran el «pueblo elegido», el pueblo al que la Divina Providencia le encomendó barrer el mal de la superficie terrestre para instaurar la pureza, el bien, la libertad y, como no podía ser de otro modo, la paz. Cualquier otra potencia que se oponga a su poderío y su expansión está oponiéndose, como consecuencia, a la Divina Providencia, de manera que los enemigos se convierten en representantes del Mal o del Anticristo.[2] Como planteaba en 1850 Herman Melville:

> Nosotros, los americanos, somos el pueblo elegido, el Israel de nuestro tiempo. Nosotros cargamos el arca de las libertades del mundo. Dios concibió grandes cosas para nuestra raza y la humanidad las espera. En nuestros corazones, también sentimos grandes cosas. El resto de las naciones marchará pronto detrás de nosotros. Somos los pioneros del mundo, la vanguardia, enviada a través de la jungla de las cosas sin realizar, para abrir un camino en este Nuevo Mundo que es el nuestro.[3]

1. Citado por Liliana Crété, «Révolution américaine et éthique protestante», *Autres Temps. Les cahiers du christianisme social,* núm. 22, 1989, p. 23.
2. Sébastien Fath, «L'Antéchrist chez les évangéliques et fondamentalistes américains de 1970 à nos jours», *Revue Française d'Études Américaines* 2014/2, núm. 139, pp. 77-97.
3. Herman Melville, *White-Jacket,* Nueva York, Holt, Rhinehart and Winston, 1967, p. 150. [Trad. esp.: *Chaqueta blanca,* Barcelona, Alba, 1998.]

El providencialismo de los colonos novo-ingleses y de los flamantes estadounidenses conocería nuevas variantes a lo largo del siglo XIX. Un pastor presbiteriano de Boston, Lyman Beecher, aseguraba que «los Estados Unidos son la Providencia de Dios destinada a abrir la vía a la emancipación moral y política del mundo», y esta convicción, asociada con el mito soreliano forjado en los inicios de las Trece Colonias, no va a caracterizar solamente a los estadounidenses más conservadores sino también a los otros que, como el propio Beecher, eran partidarios de la abolición de la esclavitud y defensores de los derechos de las mujeres. El director de la *Democratic Review,* John O'Sullivan, aseguraba en ese mismo momento que «el nacimiento de nuestra nación marcó el inicio de una nueva historia, la formación y el crecimiento de un sistema político sin trabas que nos separa del pasado y nos liga al porvenir». «Somos», escribía en 1839, «el progreso humano», de modo que «¿quién podría fijar los límites de nuestro avance?» «Ningún poder terrestre es capaz de detenernos porque la Providencia está con nosotros», y quien se opone a la Providencia se opone a Dios. ¿Y qué piedad puede tenerse con los enemigos del Señor? «Estados Unidos fue elegido para esta misión sagrada hacia las naciones del mundo, naciones privadas de la luz vivificante de la verdad, y su noble ejemplo le dará un golpe mortal a la tiranía de los reyes, de las jerarquías y las oligarquías», porque «¿quién podría dudar que nuestro país está destinado a convertirse en la gran nación del porvenir?».[1] No es difícil reconocer en estas líneas una paráfrasis de las palabras de John

---

1. Citado por Nicole Guétin, *États-Unis...,* ed. cit., p. 78.

Winthrop a los pasajeros del *Arabella:* los Estados Unidos seguían siendo la ciudad en la colina que guiaría al resto de las naciones. Y por eso algunos años más tarde, cuando el Congreso de Estados Unidos aceptó anexar a Texas y «castigar» a México, O'Sullivan escribió un célebre artículo en el que identificó la Providencia con el «destino manifiesto» de su país: «tenemos derecho, debido a nuestro destino manifiesto, a expandirnos y a asegurarnos la posesión de todo el continente que la Providencia nos ha legado para el progreso de la gran experiencia de la libertad y del desarrollo del gobierno federativo que nos confió». «Es un derecho semejante al que tiene el árbol a la tierra y al aire necesarios para la plena expansión de su principio y de su destino», concluía el periodista, «que consiste en crecer.» De modo que este derecho se encontraba, y se encuentra todavía, por encima de cualquier otra consideración del derecho internacional, como la soberanía de los demás Estados sobre sus territorios nacionales. El derecho de México sobre la mitad de su territorio soberano o el derecho de los pueblos indígenas a vivir en las tierras de sus ancestros carecían de cualquier valor frente al derecho que la divinidad les había conferido a los estadounidenses de expandirse hacia el Oeste. Los *pioneers* asumirían así la identidad de los nuevos *Pilgrim Fathers* en busca de la Tierra Prometida.

Uno de los principales ideólogos neoconservadores de la era Reagan, Irving Kristol, seguía recurriendo al relato del destino manifiesto para establecer en 1983 una diferencia entre «patriotismo» y «nacionalismo»: «El patriotismo», explicaba, «abreva en nuestro amor por el pasado de la nación», mientras que «el nacionalismo nace de la esperanza que tenemos en su porvenir, en la grandeza que lo distingue de los otros», y por eso, para Kristol, los objetivos de la política extranjera de Estados Unidos no debían limitarse a

223

la «seguridad nacional» o, como en cualquier otro país, a la defensa de su territorio, sino a la defensa del «interés nacional», «definida por la creencia en el destino de la nación».[1]

Por supuesto que el oro de California resultó ser un atractivo más fuerte que la «leche y la miel» de Canaán. Por supuesto que la fiebre de este oro aceleró las matanzas y las deportaciones de los pueblos originarios o alentó a un filibustero de Nashville, William Walker, a perpetrar un golpe de Estado en Nicaragua para adueñarse de la ruta que llevaba a aquellos afiebrados mineros desde Nueva York a San Francisco. Por supuesto que esos hombres, como muchos otros antes o después, estaban dispuestos a asesinar a un indio, un mexicano o un nicaragüense para adueñarse de una mina o una parcela de tierra fértil. Pero lo interesante es entender a qué relatos adhirieron para que esos homicidios, generalmente reprobados, asumieran en ese caso la estatura de una gran gesta mesiánica. A finales del siglo XIX Frederick Turner diría que durante la conquista del Oeste los *«childrens of lights»* habían vencido a los *«childrens of darkness»*, y que durante esta guerra en la frontera se había forjado el espíritu del *self-made-man* norteamericano: el pionero que debía arreglárselas por sí mismo, sin ayuda del Estado, y en un territorio sin leyes, para hacerse una fortuna. Pero no había que esperar a que estos relatos bendijeran retrospectivamente aquellos actos de violencia para que los réprobos se vieran aprobados, o los culpables, redimidos: a la manera de los peregrinos puritanos, los pioneros se veían a sí mismos como el ejército del bien que combatía a los paganos para cumplir con la promesa de prosperidad que les hiciera el Señor. Hasta Hegel, para

1. Citado por Anatol Lieven, *America Right or Wrong,* Londres, Oxford University Press, 2004, p. 32.

quien la epopeya contaba la historia del combate entre la civilización y la barbarie, pensaba que estas narraciones habían desaparecido del continente europeo porque las primeras habían vencido a las segundas, de modo que las «epopeyas futuras» tendrían que representar «la victoria del racionalismo positivo de los americanos sobre las tribus diseminadas del Nuevo Mundo»: el filósofo alemán profetizaba así el surgimiento de ese nuevo género épico, el western, que dominaría durante décadas la cinematografía de Hollywood.[1] El relato providencial no fue entonces una elaboración de los historiadores tendiente a convertir retrospectivamente la codicia de sus ancestros en virtud, o sus asesinatos en proezas, falseando la realidad de los hechos: los propios predicadores que acompañaban las caravanas de los pioneros presentaban esos actos en términos mesiánicos, y los pioneros no habrían podido perpetrarlos si no hubiesen estado convencidos de que obraban en nombre de Dios. Pensar que los actos tienen, por sí mismos, una significación y un sentido, supone olvidar que los desacuerdos políticos giran, precisamente, en torno a la interpretación de esos actos, y que aquello que para un pueblo fue una masacre perpetrada por las fuerzas del mal, resulta, para otro, un venturoso triunfo sobre las fuerzas del mal. La política de los peregrinos y los pioneros no triunfó solamente cuando logró derrotar militarmente a los pueblos originarios sino también, y sobre todo, cuando logró imponer políticamente el relato que justificó esas matanzas y que, durante más de un siglo, permitió, por ejemplo, que el western, con los ataques de los indios a las caravanas de los pioneros, se convirtiera en la gran narración épica del pueblo norteamericano.

1. Hegel, *Estética II,* Buenos Aires, Losada, 1963, p. 249.

Nicole Guétin recordaba hace unos años hasta qué punto la tradición del racismo estadounidense se inspiraba en el providencialismo de los *Pilgrim Fathers*. El reverendo Josiah Strong, uno de los portavoces del darwinismo social norteamericano, aseguraba en 1885 que la raza anglosajona se extendería «más allá de las fronteras del mundo, abriendo una nueva era en la historia de la humanidad y convirtiéndose así en un testimonio de la selección natural a través de la competencia entre las razas», porque esta raza, sostenía, «evoluciona más rápidamente que las otras razas europeas» y «ocupa ya un tercio de la tierra». Strong pensaba que esta raza se extendería todavía más y que «hacia 1980» alcanzaría «la cifra de 713 millones» de individuos: en ese momento, decía, la «América del Norte», «más grande que la pequeña isla inglesa», se volvería «la sede del reino anglosajón». Y por eso este reverendo veía en la guerra de los blancos protestantes contra los indios paganos una realización de ese «plan» de Dios que había previsto la inexorable expansión anglosajona hacia el Oeste. Strong se inspiraba en otro de los voceros del darwinismo social, el británico Herbert Spencer, para quien la historia humana obedecía a los mismos principios de «lucha por la vida» que regían las especies animales, y para quien los norteamericanos habían sido un producto de la mezcla de diversas razas arias que había dado a la luz a una especie de «hombre superior» –un superhombre– que sería el fundador de «la más grande civilización que el mundo haya conocido».[1] Cuando concluyó la Guerra de Cuba y el Congreso norteamericano decidió anexar las Filipinas, infringiendo por primera vez el principio fundamental de la propia doctrina Monroe, el senador Albert Beveridge diría en una

1. Nicole Guétin, *États-Unis...*, ed. cit., p. 91.

alocución ante el Senado que «Dios nos convirtió en los amos organizadores del mundo para establecer el orden allí donde reina el caos» y «nos convirtió en expertos políticos para que podamos constituir gobiernos entre los pueblos salvajes o decadentes».[1]

El ataque de los drones

La declaración de Beveridge resume una convicción central y arraigada en el pueblo norteamericano: «que su nación», escribe Conrad Cherry, «defiende a otros países para salvaguardar las instituciones libres y los gobiernos democráticos».[2] Carl Schmitt ya había llamado la atención acerca de la profunda transformación que esta democracia había introducido en el derecho de guerra. Una guerra suele considerarse justa cuando hay una *justa causa bellum,* y esta causa es, por lo general, una agresión extranjera, como ocurrió cuando los japoneses bombardearon Pearl Harbor. Pero aun en el caso de una agresión pavorosa el enemigo sigue siendo considerado un *justus hostis.* Un individuo que agrede a otro está cometiendo un delito porque está transgrediendo la ley de un Estado. Un Estado soberano que agrede a otro no está contraviniendo una ley de este último. La agresión militar no es un delito y un enemigo, como consecuencia, no es un delincuente. *Justus hostis* no significa otra cosa. Esto explica por qué los actos de guerra más violentos no son castigados judicialmente una vez concluida la guerra, y por qué los prisioneros de guerra no son presos que están cumpliendo una pena por

1. *Ibid.*
2. Conrad Cherry, *op. cit.,* p. 17.

227

sus actos. Tal como la entiende Estados Unidos, no obstante, la «guerra punitiva» supone dos cosas: que el agresor es un criminal y, como consecuencia, se lo puede castigar, y que este enemigo no agrede necesariamente a los Estados Unidos sino a la humanidad en su conjunto, esa humanidad que los Estados Unidos representa y defiende. A esta diferencia seguía haciendo alusión Donald Trump cuando aseguró en el discurso del 21 de mayo de 2017 de Riad que la guerra contra el terrorismo no es «una batalla entre religiones» sino «entre el bien y el mal»: «entre criminales bárbaros que tratan de terminar con la vida humana y la gente decente, siempre en nombre de la religión, que quiere proteger la vida y su religión».[1]

Esto explica el estatuto ambiguo de los combatientes capturados por los Estados Unidos. Los detenidos de Guantánamo o de las prisiones clandestinas no son ni presos comunes sometidos a un proceso judicial, ni prisioneros de guerra que deberían ser tratados como tales y recobrar la libertad una vez finalizado el conflicto. Estos presos no son ni civiles ni militares, ni delincuentes ni combatientes: se los caratula de «terroristas» porque cometieron, o pueden cometer, crímenes pavorosos, pero estos crímenes no los cometen, por lo general, en el interior de la jurisdicción federal estadounidense, de modo que no pueden ser juzgados por sus tribunales. El terrorista se convirtió así en un criminal extraterritorial semejante al pirata: este, precisa-

---

1. *Washington Post*, 21 de mayo de 2017. https://www.washing tonpost.com/politics/us-and-gulf-nations-agree-to-crack-down-on-terror-financing/2017/05/21/. Acerca de la importancia de la religión en la política norteamericana, véase: Jacques Gutwirth, «Religion et politique aux États-Unis», *Archives de sciences sociales des religions*, núm. 104, 1998, pp. 19-32.

mente, no cometía un delito porque sus actos tenían lugar en mar abierto y, como consecuencia, fuera de las jurisdicción de los Estados; el terrorista viola la ley de una nación –musulmana, en general–, pero como Estados Unidos trata a esas naciones como si fuera mar abierto, solo puede «castigar» a los terroristas invocando esa ley superior a los Estados: una ley divina, la misma que O'Sullivan invocaba para proclamar el *Manifest Destiny* de su país. Y es como agente de esta ley superior a las estatales que los asesinatos selectivos invocan. Como planteaba en 1998 Phyllis Schlafly, una de las principales opositoras de la derecha cristiana al gobierno de Bill Clinton, «conferencias y tratados globales constituyen una amenaza directa para cada ciudadano norteamericano»: «Nuestra Declaración de Independencia y nuestra Constitución son la fuente de la libertad y de la prosperidad de la cual gozan los estadounidenses» porque «una república constitucional como la nuestra es tan única, tan preciosa, y hasta tal punto fue un éxito, que sería una locura atarnos al mismo yugo que las demás naciones.»[1] Schlafly concluía recordando que San Pablo les aconsejaba a los cristianos «no atarse al mismo yugo que los infieles, porque ¿qué unión puede existir entre la justicia y la iniquidad».[2]

El estatuto indeterminado de estos prisioneros corresponde al estatuto indeterminado de los blancos de los drones: son criminales sin ser delincuentes (porque en ese caso deberían poder rendirse para ingresar en prisión) y son enemigos sin ser combatientes (porque el derecho de guerra estipula que solo puede matarse a un enemigo en situación de combate y no ir a buscarlo, por ejemplo, a la casa,

1. Anatol Lieven, *op. cit.,* p. 51.
2. II Corintios VI, 14.

durante un permiso, y asesinarlo de un tiro). Barack Obama incrementó, efectivamente, los asesinatos selectivos para evitar los problemas acarreados por las cárceles secretas. El asesinato selectivo no es ni una acción policial en sentido estricto (dado que no hay una advertencia que le permita al terrorista rendirse) ni una estricta acción de guerra (dado que, en el momento del asesinato, el sujeto no se encuentra en una situación de combate, entre otras cosas porque no hay, frente a él, un combatiente enemigo).

Esta ambigüedad corresponde a la ambigüedad de ese espacio que se encuentra fuera del territorio nacional y, como consecuencia, fuera de la jurisdicción de las leyes norteamericanas. En ese espacio, no obstante, los Estados Unidos se arrogan un derecho de injerencia ilimitada: esos territorios se encuentran en su dominio de control policial, pero esa policía no depende del Ministerio del Interior sino de la defensa; se trata de un territorio extranjero pero esas intervenciones no implican una declaración de guerra a otro Estado (lo que hace que los presidentes no precisen la aprobación de las cámaras para ordenar una operación sobre un territorio extranjero). Nos encontramos así con un nuevo tipo de imperialismo. Desde el siglo XVI, los imperios proclamaron leyes particulares para sus territorios coloniales y establecieron allí tribunales y fuerzas policiales. En el caso de los Estados Unidos, estos territorios caen en el interior de su área de influencia, pero no entran dentro de su jurisdicción, lo que significa que están sometidos a las acciones de vigilancia y represión características de la policía sin actuar en nombre de la ley federal. Y el dron se adapta perfectamente a esta posición, dado que permite una vigilancia y una represión de tipo policial sin *occupatio bellica,* es decir, sin que los Estados Unidos se vean obligados a establecer un gobierno de ocu-

230

pación, lo que significaría establecer un conjunto de leyes e instituciones en el país ocupado, una gestión de la población civil o de los prisioneros militares, y sobre todo un derecho de los delincuentes a tener un defensor.

Podemos hablar de «primera guerra global», entonces, porque la incursión de los drones en un territorio soberano no se considera una invasión y no exige una declaración de guerra por parte del país agresor, debido a que las fuerzas agresoras ejercen las tareas de vigilancia y represión sobre todo un territorio sin necesidad de ocuparlo y a que los enemigos no son considerados *justi hostes* sin verse calificados de delincuentes, es decir, de transgresores de una legislación nacional susceptibles de tener que presentarse ante un tribunal. Del mismo modo que el *bounty hunter* del Lejano Oeste se internaba en territorio indio para traer *dead or alive* a un criminal prófugo de algún estado, el telepiloto ingresa con su dron en los territorios musulmanes para cazar terroristas: ese territorio está ahora «sin ley», como el desierto o el océano, porque, gracias al control remoto del aparato, el cazador puede adentrarse en esas tierras sin correr el riesgo de verse sometido a su legislación soberana. La primera guerra global lleva en este aspecto a su máxima expresión la función de gendarme planetario que Albert Beveridge le confería a Estados Unidos después de la Guerra de Cuba: «Dios nos convirtió en los amos organizadores del mundo para establecer el orden allí donde reina el caos.»[1]

1. Albert Beveridge, «In Support of an American Empire», https:// www.mtholyoke.edu/acad/intrel/ajb72.htm

EPÍLOGO

Resulta difícil concluir un texto que aborda una situación inconclusa. Hace unos días, un joven de veintidós años nacido en Manchester, Salman Ramadan Abedi, hizo estallar un chaleco de explosivos en un concierto de la cantante Ariana Grande matando a 23 personas e hiriendo a 116. El atentado fue reivindicado por el Estado Islámico de Irak y Sham, aunque la policía no haya logrado determinar por el momento los vínculos del joven mártir con esta organización. Mientras tanto la ciudad de Mosul está terminando de ser liberada gracias a un ataque simultáneo del ejército iraquí y la aviación norteamericana, que acaba de reconocer haber matado por error a unos 500 civiles durante un bombardeo aéreo. Es muy probable que este avance de las fuerzas de Bagdad con el apoyo del Pentágono sea el principio del fin para el Estado Islámico, pero esto no significa que sea necesariamente el principio del fin para el propio yihadismo. Este no puede «erradicarse» en el sentido estricto del vocablo, porque sus organizaciones no tienen hoy una raíz que, una vez cortada, dejaría de alimentar sus diversas ramificaciones. El yihadismo actual tiene un funcionamiento reticular o, como hubiesen dicho Deleuze y Guattari, rizomático, que no reproduce las cadenas de mandos verticales de los ejércitos canónicos. El soldado de cualquier Estado espera las órdenes de su superior y este, a su vez, del suyo. En la cima, se supone, hay un Estado Mayor. Un yihadista encuentra en la red la lista de blancos publicada por Al-Qaeda o el Estado Islámico y se arma de los medios necesarios para perpetrar un atentado. Cada muyahidín puede reclutar e instruir a otro u otros, y estos reclutamientos e instrucciones pueden realizarse a través de la red, como lo hizo Rachid Kassim con los adolescentes que degollaron al padre Jacques Hamel en julio de 2016 o con las mujeres que intentaron hacer estallar un auto repleto de cilindros de gas en pleno centro de París. Y por eso el Estado Islámico empezó a desalentar la hégira hacia Siria: un muyahidín puede practicar «la yihad en su país, en donde vive y reside», lo que elimina los inconvenientes ligados a los desplazamientos de los combatientes. «El enemigo hoy es uno solo», concluye Abu al-Suri, «y está por todos lados.»[1] Estos muyahidines van a seguir operando, aunque el ejército del Estado Islámico sea derrotado en Irak y Siria.

La derrota del Estado Islámico o de Al-Qaeda no va a ser, en este aspecto, militar. Va a ser política. Como sostiene el propio Al-Suri en sus textos, el principal factor desencadenante de la yihad se encuentra en «la existencia de una causa en la que pueda creer la población con suficiente fuerza como para abrazar la yihad». Y la causa más apropiada es «la resistencia en respuesta a una agresión extranjera».[2] No

1. Abu Musab al-Suri, «The Jihadi Experiences: The Most Important Enemy Targets Aimed At by The Individual Jihad», *Inspire Magazine*, núm. 9, 2012, p. 23.

2. Abu Musab al-Suri, «The Jihadi Experiences: The Military Theory of Open Fronts», *Inspire Magazine*, núm. 4, 2010, p. 31.

es, como consecuencia, atacando a los países en donde se encuentran las bases yihadistas que los occidentales van a lograr derrotarlas sino al revés: evitando esas agresiones. La Guerra de Irak no detuvo el terrorismo de Al-Qaeda: solo contribuyó a la creación del Estado Islámico, del Frente al-Nosra y de una miríada de milicias que combaten hoy en Siria, Irak y otros países musulmanes. Los expertos estiman que 250.000 civiles murieron en Afganistán, Irak y Siria como consecuencia de las intervenciones occidentales, y esto sin contar a las cuantiosas víctimas del embargo que los Estados Unidos le impusieron al régimen de Sadam Husein y que terminaron pagando con el hambre y las enfermedades unos 500.000 niños iraquíes. Por el momento, no obstante, los Estados Unidos y sus aliados no van a permitir que la región en donde se encuentran las principales reservas petroleras del planeta escape a su control. Esta guerra promete prolongarse hasta que Occidente complete su transición energética.

Este pronóstico no toma en cuenta, aun así, el hecho de que las fuerzas en conflicto no son sujetos fijos e inmutables, y que otros factores, diferentes del antagonismo entre ambos, pueden modificarlos, como ocurrió después de la caída del Muro. La «causa» a la que se refiere Al-Suri puede transformarse no solamente en los países musulmanes sino también en los occidentales, y los pueblos pueden conocer la hegemonía política de relatos diferentes en los que las divisiones religiosas, e incluso nacionales, pierdan importancia. Los Estados Unidos también tenían enormes necesidades energéticas cuando Washington armó a los muyahidines con los lanzamisiles Stinger y los fusiles Enfield. Y los propios muyahidines no combatían a los soviéticos porque estos planearan apoderarse del petróleo del Golfo Pérsico. Ni el comunismo ruso ni los nacionalismos de liberación del Tercer Mundo van a retornar a la escena mundial, está muy claro, pero nada impide que otros movimientos políticos surgidos en Oriente u Occidente introduzcan una inflexión en el contexto geopolítico actual. Y nadie asegura que, para combatir a una milicia que intentara acabar con la tiranía saudí o expropiar los pozos iraquíes en beneficio del pueblo, los occidentales no vuelvan a aliarse con los grupos islamistas.

Una cosa es segura: no superamos, como pensaba Huntington, la era del enfrentamiento entre ideologías para ingresar en la era del enfrentamiento entre culturas. Esto no significa que no haya habido casos, y no siga habiéndolos, en que pueblos con culturas o religiones distintas no se hayan enfrentado. Pero esto no significa que se enfrenten a causa de esas culturas o de esas religiones. Para que un enfrentamiento así se produzca, hace falta que un relato político haga pasar el conflicto entre dominados y dominantes por esa misma diferencia. Los conflictos entre protestantes y católicos en Irlanda del Norte no habrían estallado si los primeros no hubiesen aparecido como aliados del poder imperial inglés. Los hutus no hubiesen masacrado a los tutsis si el poder colonial belga no se hubiese aliado con los primeros para gobernar Ruanda y si una organización tutsi no hubiese ganado la guerra civil. No fueron las diferencias culturales, étnicas o religiosas las que desencadenaron el genocidio sino las diferencias políticas y el lugar que un relato político les asignaba a ambas etnias. La guerra entre sunitas y chiitas tampoco se habría desencadenado si los primeros no hubiesen estado asociados con la dictadura de Sadam Husein y si el poder colonial inglés no se hubiese apoyado antes en la minoría sunita para gobernar a la mayoría chiita (estrategia que tanto Gran Bretaña como Francia siguieron en las naciones surgidas del desmembramiento del Imperio otomano y que consistió en aliarse con los grupos minoritarios para dominar a los mayoritarios, como hicieron los franceses con los alauitas sirios para gobernar, en este caso, a la mayoría sunita, estrategia que explica, todavía hoy, la dictadura del alauita Al-Assad). Por supuesto que ya había en Alemania una importante corriente antisemita muy anterior al nazismo. Pero los nazis tuvieron que convencer a los alemanes de que los judíos conspiraban contra la nación, a través de una inverosímil alianza de banqueros y organizaciones izquierdistas, para que ese relato antisemita asumiera una dimensión política.

Los yihadistas no combaten a los occidentales porque estos tienen una cultura diferente. Los combaten porque entienden que esa cultura ocupa un lugar dominante. Los combaten porque los sufrimientos de los musulmanes se explican, desde su punto de vista, por esa dominación occidental del mundo. Los combaten porque los «cruzados» cristianos invaden, a su entender, los países de la región para apropiarse de las riquezas de los musulmanes. Los combaten porque son aliados de los «sionistas» que mortifican a los palestinos. Pero la cultura occidental ocupaba también ese lugar en los años setenta. Y sus «cruzados» se entrometían igualmente en la región para asegurarse la provisión de petróleo. Los palestinos tampoco sufrían menos la opresión israelí, sobre todo después de la Guerra de Yom Kipur, y los estadounidenses no apoyaban menos sus acciones. Pero esta situación no provocó la misma réplica de los islamistas, entre otras cosas porque, por aquellos años, la lucha por la independencia de Palestina estaba encabezada por una organización antiimperialista laica y socializante, aliada de los regímenes que los muyahidines combatían con el apoyo de los Estados Unidos. No hay motivos objetivos para que un conflicto se desencadene. Hay motivos subjetivos, y los llamados «motivos objetivos» son simplemente aquellos que, desde nuestra perspectiva, explican esos conflictos. La presunta objetividad no es sino la subjetividad que no percibimos como tal, a saber: la nuestra. Y por eso no puede decidirse por qué se desencadenó un conflicto sin haber leído antes las declaraciones de las diferentes partes, es decir, sin conocer sus discursos o sus relatos, sin saber cómo interpretan una situación o sin comprender qué lugares se adjudican a sí mismos o les asignan a sus adversarios. Esto no significa que los llamados hechos objetivos no cuenten: significa que solo cuentan cuando alguien los cuenta, y que estos hechos son en muchos casos la consecuencia de decisiones tomadas por sujetos que interpretan una situación a partir de algún discurso o algún relato precisos. No puede explicarse un conflicto humano sin comprender a sus protagonistas, sin que esta «comprensión» signifique una justificación política o moral de sus atentados, sus asesinatos selectivos o sus bombardeos. Esas mediaciones simbólicas alejan nuestras contiendas de las «luchas por la vida» características de otros seres vivos, lo que las vuelve menos previsibles, pero también, y en general, muchísimo más despiadadas.

ÍNDICE

Impreso en Talleres Gráficos
LIBERDÚPLEX, S. L. U.,
ctra. BV 2249, km 7,4 - Polígono Torrentfondo
08791 Sant Llorenç d'Hortons